LA PESANTEUR ET LA GRÂCE

西蒙·韋伊的思想集結之作

重 力 與 恩 典

SIMONE WEIL

西蒙·韋伊

Simone Weil and preface by Gustave Thibon

周桂音——譯

目次

附言，五十年後

Post-scriptum, cinquante ans après

將近半世紀之後，對於這些文字，我能再多說什麼呢？

西蒙．韋伊的作品能照亮心靈、滋養靈魂，它無須「更新」，因為它是在俯視所有時代、所有地域的最高峰頂發散光芒。柏拉圖（Plato）的思想、馬可．奧理略（Marc-Aurèle）[1]的哲思、艾斯奇勒斯（Eschyle）[2]的詩句、莎士比亞（Shakespeare）筆下角色的吶喊，這些作品如何能夠標註日期呢？西蒙．韋伊亦是如此。真正的光不會褪色；真正的甘泉，永遠新鮮沁涼。

超越時代者，亦超越國界。由於我有幸成為讓西蒙．韋伊第一本書問世的人，我接收到來自世界各地的無數見證。其中最讓我訝異的，是這些人的出身、

1　譯註：馬可．奧理略（Marc-Aurèle, 121-180），古羅馬帝國皇帝，斯多噶學派哲學家，著名著作為《沉思錄》（*Pensées pour moi-même*）。

2　譯註：艾斯奇勒斯（Eschyle, 525-456B.C.），古希臘悲劇詩人，被喻為「悲劇之父」。

社會階級、文化領域圈等等都差異極大，但他們的靈魂都被深深打動，他們都在閱讀西蒙．韋伊的作品時，發現了一種屬於內在的真相，是他們苦苦等待至今的真實。

如今已是世紀之末，在歷史加速之下，眾多偶像紛紛湧現又覆滅，在這樣的年代，本書日益像是來自永恆的訊息，獻給永恆之人，「微不足道、卻又可以媲美神」，被重力俘虜、因恩典而解放。

古斯塔夫．蒂邦（Gustave Thibon）[3]

一九九〇年十二月

3 譯註：古斯塔夫．蒂邦（Gustave Thibon, 1903-2001），法國詩人、作家、形上學家、哲學家。

序
Préface

一九四一年六月，我收到一封信，來自當時住在馬賽的多明尼克朋友R. P.佩杭（R.P. Perrin）。這封信我沒留下來，它的內容大致如下：「我在這裡認識了一名年輕猶太女子，她擁有哲學教師資格，是極左派的激進份子。她因為排猶法案而被大學逐出門外，所以希望在鄉下務農一段時間。我認為這類體驗需有人照看，若您願意接納這位年輕女子，那將是我的榮幸。」當下，我的直覺反應是想拒絕。但之後我改變主意，答應了朋友的請求，命運將此人放在我的道路上，我不願驅趕她。當時猶太人已開始遭受迫害，我因此心生同情。此外，也是基於某種好奇。

幾天後，西蒙·韋伊抵達我家。我們的首度會面很友好，但也讓人坐立難安。具體來說，我們幾乎對一切都毫無共識。她講起話來沒完沒了，口吻強硬、聲調呆板，這些毫無結論的對話結束之後，我真的精疲力竭。為了應付她，我拿出無比的耐心，對她彬彬有禮。之後，由於共同生活的緣故，我漸漸發現她性格中讓人無法忍受的這一面，其實只是她的外在層面、社會人格，那和她深刻的內在本質大不相同。人格與表象，在她身上是顛倒的：她和多數人相反，她是在私底下的領域之中，才能深深被理解。公開場合中，她下意識表現出來的態度令人生畏，那是她性格中令人不悅的一面；而她需要很多時間、情感，需要克服很多靦腆，才能表現出她最好的一面。當時她開始全心投入基督教義，她身上散發一股清晰明確的神祕主義傾向。我從未見識一名人類如此通曉宗教之奧義。藉由她，**超自然**一詞在我眼中前所未有地顯得真實。

她的神祕主義，絲毫不像某些知識份子的宗教思辯，只是為了證明他們對神的信仰，毫無個人的親身參與。「知曉」與「傾盡全力去知曉」之間的鴻溝，她心知肚明，她絕望地活在其中，而她人生唯一的目的，便是消弭這兩者之間的距離。我經常見證她人生的日常片刻，因此我對她的宗教使命之真實性毫不懷疑：她的信仰、她的超然，都顯現在她所有舉止行動裡，雖然偶爾因為缺乏現實感而令人困惑，但總抱持著絕對的寬大慷慨。在我們這個社會，她的苦行主義可能顯得極端，因為在這凡事只做半套的社會裡，正如萊昂·布盧瓦（Léon Bloy）[4]所言，「基督徒殉教的腳步是很有分寸的。」（事實上，中世紀某些聖徒贖罪的怪誕苦行，在今日會顯得多麼驚世駭俗？）她感性而激昂，卻不因此而較不純粹，而她苦修的程度與她的內在生活並無落差。她認為我的住處過於舒適，因此要求住進我岳父岳母在隆河（Rhône）河畔擁有的一座半荒廢的舊農場。每天她都過來工作，願意時會在家中用餐。她體弱多病（她一輩子都有劇烈頭疼，並在幾年前患上嚴重的胸膜炎），卻在田裡以頑強的毅力耕作，經常只吃路上採摘的桑葚。每個月，她都將她的配給糧食捐出一半，寄給監獄裡的政治犯。至於她的精神財產，她更是不吝分享。每天晚上，工作結束之後，她會向我解釋柏拉圖的重要著作（我從來沒有時間好好學習希臘文），她極有教學天賦，講解像創作一樣生動。她並且以同樣的熱忱與愛，教導村子裡課業落後的學童基礎數學。她渴望像播種一樣培育眾人的心靈，甚至因此犯下一些令人發噱的誤會。一種類似平等主義的信念，讓智識極高的她，將自己的所在高度視為普羅大眾的基準點；她認為世上每一個心靈，都有能力領略她的艱深教誨。我還記得一名來自洛林省的年輕女工，西蒙・韋伊認為她擁有智識天賦，便花許多時間向她講述《奧義書》

4 譯註：萊昂・布盧瓦（Léon Bloy, 1846-1917），法國小說家、評論家。

（*Upaniṣad*）[5]的精彩論點。那個可憐的孩子聽得無聊至極，卻噤口不語，因為她太害羞，而且不敢失禮……

私底下，西蒙・韋伊很有魅力、機智風趣：她會開玩笑，但絕不低俗；她懂得嘲諷，卻不惡毒。她擁有非凡卓越的淵博學識，那深深與她本人同化，使人難以分辨那究竟是她的學識、抑或她內在生命的展現，她的談話因此帶有一股令人難以忘懷的吸引力。儘管如此，她有一個嚴重的缺點（或是，根據觀點的不同，這也可以算是一種罕見的優點）：她拒絕屈服於生活需求，也不願配合社會生活。無論在哪種情況之下，她都會將她的想法全盤托出、告訴所有人。她的誠摯，是因為她深深敬重所有人，但她因此惹上不少麻煩，其中多數是趣聞，但偶爾也險些釀成悲劇，因為在那個時代，並非所有真相都能平安地公諸於世。

以下，並非為了一一列舉西蒙・韋伊的思想受到哪些影響、其歷史淵源何在。除了她每天用以滋養心靈的福音書之外，她亦崇敬印度教與道教的重要經文，還有荷馬、希臘悲劇，以及她完全從基督教義的觀點來詮釋的柏拉圖。但她

5 譯註：《奧義書》（*Upaniṣad*），與《吠陀經》及《薄伽梵歌》並列印度三大聖典，探討哲學、冥想以及世界的本質。印度現存的奧義書多達兩百多種，現代研究者通常認為，與吠陀時代末期的思想密切相關的奧義書有十三種。

痛恨亞里斯多德，將之視為破壞神祕主義偉大傳統的第一個掘墓人。她喜愛的還有聖十字若望（Saint Jean de la Croix）[6]的神學論著；莎士比亞；一些英國神祕主義詩人；拉辛（Racine）[7]的文學作品。近代作者則是保羅．瓦勒里（Paul Valéry）[8]與阿瑟．庫斯勒（Arthur Koestler）的《西班牙遺囑》（*Testament espagnol*）[9]，她談論本書時，流露的是純粹的崇敬之情。她對喜好的作者與排斥的作者，態度都極為果斷，無法動搖。她堅信，真正傑出的創作，唯有高度的靈性方能完成，而且，若未曾經歷嚴厲的內在淨化，就不可能讓表現形式臻至完美。她對內在真實性與純粹度的要求極高，因此，所有被她認為追求表現效果的作者，她都嚴厲批評、毫不留情，因為效果是最輕佻的元素，若非浮誇，便是毫

---

6 譯註：聖十字若望（Saint Jean de la Croix, 1542-1591），西班牙神秘學家、加爾默羅會修士和神父，反宗教改革的主要人物。

7 編註：讓．拉辛（Jean-Baptiste Racine, 1639-1699），法國劇作家。

8 譯註：保羅．瓦勒里（Paul Valéry, 1871-1945），法國作家、詩人、哲學家，法國象徵主義後期代表人物。

9 譯註：匈牙利猶太裔英國作家阿瑟．庫斯勒（Arthur Koestler, 1905-1983）將西班牙內戰的親身經歷寫成自傳作品，於一九三七年出版《西班牙遺囑》（*Spanish Testament*）；本書後半部於一九四二年單獨成書，書名為《與死亡對話》（*Dialogue with Death*），法文譯本之法文書名仍維持原書名（*Un testament espagnol*）。

不真誠：高乃依（Corneille）[10]、雨果（Hugo）、尼采（Nietzsche）皆然。她唯一看重的風格，是樸實無華、毫無矯飾、能夠赤裸裸展現靈魂的風格。「作者若是力求表現，」她在信中這樣對我說，「其努力不只影響形式，也會影響思想內容以及整體內在。若形式無法褪去一切矯飾，那麼思想亦無法觸及、甚至無法接近真正的偉大……真正的寫作方式只有一種，就是用翻譯的方式寫作。翻譯外語文章的人，不會試圖添加什麼，而是嚴格規定自己什麼都不能加。尚未寫出的文字，應以這樣的方式翻譯出來。」

在我這兒住了幾週之後，她認為我們太照顧她，於是決定去另一間農場工作，在一群陌生人當中體驗真正的農工生活。我請鄰村一座偌大的葡萄園雇用她和其他人一起摘葡萄。她在那裡工作超過一個月，仍舊英勇奮鬥，儘管身體虛弱而且不習慣做粗活，她卻拒絕少做一些工，堅持和她身邊的魁梧農民做一樣長時間的工作。頭疼劇烈到她有時以為自己在夢魘中工作。「有一天，」她對我說，「我心想自己是不是已經死去並落入地獄，只是我沒發現而已。我心想，地獄是否就是永恆不斷地摘葡萄……」

10 編註：皮耶·高乃依（Pierre Corneille, 1606-1684），法國劇作家，十七世紀法國古典主義悲劇的奠基者。

這番經歷結束之後，她回到馬賽，當時她父母因為德軍入侵而離開巴黎、暫居馬賽。我去探望過她幾次，她的小公寓位在加泰隆區（Catalans），可以眺望無邊無盡的璀璨海平面。她的雙親在這段期間籌劃赴美，但她深愛正在蒙受苦難的祖國，她渴望和她被迫害的友人們承擔相同的命運，因此她猶豫許久，不知是否應該跟父母去美國。最後她決定赴美，希望能經由美國找到管道前往俄羅斯或英國。我最後一次見到她，是一九四二年的五月初。在車站見面時，她將一個塞滿紙張的公事包交給我。她希望我能閱讀裡面的文章，並在她流亡海外的期間保管它。道別時，為了隱藏我的情緒，我開玩笑地說：「再見，看是在這個世界或另一個世界再會！」她突然一臉嚴肅，回答我說：「在另一個世界，我們是不會見到面的。」她的意思是「經驗論的『我』」是由我們各自的疆界形構出來的，而在永恆生命的單一整體當中，這些疆界會被取消。我看著她在街上走遠，看了好一會兒。我們不會再見了：在時間當中永恆的聯繫是如此殘酷地短暫。

返家之後，我翻閱西蒙．韋伊的手稿：十幾本厚厚的筆記本，紀錄了她每天每日的思緒，其中夾雜各種語言的引文，以及她的私人筆記。在這之前，她的作品我只讀過幾首詩，以及刊登在《南方筆記》（*Cahiers du Sud*）的荷馬研究，以她本名的字母重組筆名「艾米爾．諾維斯」（Émile Novis）發表。本書所有文章，皆出自這份手稿。我有幸在太遲之前，再寫一封信給西蒙．韋伊，向她表達我閱讀這份手稿時的感動之情。她從阿爾及利亞的瓦赫蘭（Oran）寄了一封信給我，儘管這封信屬於私人性質，但我冒昧在此公開全文，因為這封信說明了出版本書的理由：

「親愛的朋友，如今，道別的時刻似乎已經到來。今後，我將不易隨時得知您的近況。但願命運能夠手下留情，保佑聖馬爾賽村（Saint-Marcel）這間小屋安然無恙，居住其中的三人如此相愛。這是如此珍貴之事。人活在世上是如此脆弱、如此暴露於危險之中，我只能驚懼地去愛。我依舊從未真正聽天由命，只願除了我以外的所有人類都能逃離種種不幸。這是一種嚴重的怠慢，我怠慢了臣服於神的意志這份義務。

「您說，您在我的筆記中，不僅讀到您已經想過的事，也讀到了您從未想過、但期待已久的事；這些事，如今便已屬於您了，我希望它能在您內心蛻變，願有朝一日，它能出現在您未來的著作之中。因為一縷思緒的未來，若能結合您的命運，必定比我更合宜。我感覺自己的命運於此俗世永遠不會是好的（並非因為我認為它到了別處就會更好，我不相信這一點）。我不是一個適宜讓他人將命運結合在我身上的人。關於這一點，人們對此一向或多或少有感覺；但是，基於某種我不清楚緣由的神秘因素，思緒似乎比人類更缺乏判斷能力。我唯一的期望，是這些來到我這邊的思緒能夠找到好歸宿，若這些思緒棲居在您筆下，轉化為倒映您形象的形式，我將會非常欣喜。我將因此減輕一點責任重擔，這些思緒之於我太過沉重，由於我個人的種種瑕疵，我沒有能力將眼前顯現的事實照原樣呈現出來，而它基於一種難以理解的過度慈悲，垂顧於我，它似乎透過我顯現出來。我想，您將以我曾說過的簡單質樸來對待它。對熱愛真實的人而言，在寫作這項行為中，執筆的手、以及投入書寫的身體和靈魂，其重要性都微不足道，無關緊要。對我而言，關於寫作，其重要性正在於此，不只我本人如此，也包括您，以及所有我認為是作家的寫作行動。在這方面，我或多或少輕蔑的人們當中，我只重視人的本質。

「關於這些筆記，我不知道我是否告訴過您，您可以將您想分享的文中段落讀給任何您想分享的對象聽，但千萬別將它們交到任何人的手中……若我們失聯三年或四年，這些筆記便全歸您所有。

「我向您傾吐這一切，是為了能在出發時擁有更自由的心靈。我唯一的遺憾，是未能將我心中已然存在、但尚未成形的思緒也一併交給您。幸好，我心中存在的事物，若非毫無價值，便是已經棲身在我以外的地方，以完美的形式存在於純粹的場所，安然無虞，而它總能再度降至此處。此後，關於我的一切，都再無任何重要性。

「我願相信，在別離的輕微震撼之後，無論我身上將發生什麼事情，願您永不因此悲傷，若您偶爾想起我，願您能像是回憶一本童年曾經讀過的書。我但願自己在所愛之人心中不佔任何空間，如此我才能確定自己不會引發任何苦痛。

「我不會忘記您的慷慨，您對我說過、向我書寫的這些溫暖字句，儘管因為談的是我，所以令人難以置信，但仍給我許多支持。或許太多了。我不知道我們能再彼此通信多久，但這無關緊要，我們必須這樣想……」

西蒙·韋伊暫留卡薩布蘭加的時候，還曾經寫信給我。抵達紐約後，她寄了最後一封信給我。在這之後，德軍佔領自由區，我們的通信因此中斷。一九四四年十一月，我等著她回法國的時候，一名共同朋友告訴我，她已於一年前在倫敦過世。

西蒙·韋伊於一九〇九年誕生於巴黎，曾師事阿蘭（Alain）[11]，她年紀輕

11 譯註：阿蘭（Alain, 1868-1951），本名埃米爾——奧古斯特·沙爾捷（Émile-Auguste Chartier），法國哲學家，被喻為「現代蘇格拉底」。

輕便進入高等師範學院，並以優異的成績取得哲學教師資格。之後她在幾間中學任教，很早就投身政治。她無論在職場或社交場合，都毫不避諱談論她的革命理念，因此招致一些行政體系方面的困擾，而她以超然的蔑視來面對。一名督學威脅要懲戒甚至撤銷她的教師資格時，她面帶微笑回答：「督學先生，在我的職涯當中，我一向將撤銷教師資格視為合情合理的桂冠。」她和極左派陣營並肩奮戰，但她從未加入任何政治組織，她挺身捍衛所有弱者與被迫害者，無論黨派或種族。她想切身認識貧困者的生活，於是請了長假，進入雷諾汽車的工廠工作，以銑床工人的身分工作了一年，從未透露她的來歷。她在工人居住的街區租了一個房間，只以工廠微薄薪資換取的糧食過活。這場體驗因她患上胸膜炎而告終。西班牙內戰爆發時，她加入紅軍陣營[12]，但她堅持不使用武器，以管理員而非戰士的身分活動。但她不小心燙傷雙腳，因此被送回法國。她和父母感情很好，而她這些瘋狂的壯烈行為深深折磨他們，在這類戲劇化事件當中，她的雙親一如往常細心照料她。任何不純之物都無法將她的生命留在這俗世，但她父母的照料，肯定已使她的人生較晚面臨終局。「這是卡拉馬助夫兄弟們自他們人性低劣處汲

12　譯註：即西班牙共和軍，又稱「人民軍」。

取的力量」，這力量將他們留在世間，奇異的是，她沒有這股力量……

談論西蒙・韋伊在一九四〇年至一九四四年法國分裂期間採取的態度之前，我必須指出，若用一時的政治局勢來詮釋她筆下這些亙古永久、超越世代的文字內容，並將她的作品與黨派鬥爭混為一談，那將有辱她的名譽。任何黨派或社會意識形態，都無權用她來圖利自己。她對人民的愛、她對強權的恨，並不足以將她劃入左派；她對進步發展的否定、對傳統的崇敬，也不足以將她劃入右派。儘管她以全副熱情投身政治，但她並未將某個思想、國族或階級作為偶像來崇拜；她知道，社會關係是最能代表相對關係與惡的領域（她寫道：靜觀社會關係，其淨化效果和避世同樣有效，所以我長期近距離接觸政治是對的），如此說來，一個超自然的心靈，其責任並非盲目信奉某個政黨，而是在失敗者與受迫害者的身邊，不斷嘗試重建平衡。正因如此，儘管西蒙・韋伊厭惡共產主義，她仍渴望在德軍屠殺俄軍時前往蘇聯。在她對於社會與政治行動的見解中，這樣的平衡概念極為重要：「若我們知曉社會的傾斜與不平衡源於何處，就必須在天秤較輕的那一邊，盡己所能添加砝碼。即使該砝碼為惡，若是出於上述動機使用它，或許終能不被玷汙。但我們必須對平衡有所設想，並必須像正義女神一樣，隨時準備逃離勝利陣營，站到另一邊去。」

由於這樣的理念，自停戰之日起，她便加入我們如今廣泛稱為抵抗運動的、匯聚許多不同族群與目標的陣營。赴美之前，她與法國國家警察起了糾紛，若當時她留在慘遭蓋世太保劫掠的法國，那她的命運可想而知。一抵達美國，她就申請加入抵抗軍。她於一九四二年十一月前往倫敦，在莫里斯・舒曼（Maurice Schumann）[13]的團隊工作了一陣子。由於無法置身於和當時的法國人一樣的險境，她於是決定，至少要和佔領區的法國人一樣忍受糧食不足，她嚴格規定自己只能吃和法國人的配給等量的食物。這樣的飲食方式，很快就損害她已經岌岌可危的健康，她不得不住院。醫院對她的特別照料，使她痛苦萬分。在我家時，我已察覺她性格中的這項特點：她痛恨享有特權。所有試圖協助她過得比一般人更好的關懷，她都會以極端的方式躲避。唯有置身於社會的最底層，和貧苦不幸的百姓共處，她才感到心安。她被送至鄉間，重見大自然使她欣喜，之後她便斷了氣。關於她的臨終細節，我一無所知。「臨終，」她曾這樣說，「是最後的黑夜，連完美之人都需要這樣的時刻，才能達到絕對的純粹。為了達到這一點，臨終時刻應當苦澀。」我斗膽認為，她的一生已足夠艱苦，因此得以享有安詳辭世

13 譯註：莫里斯・舒曼（Maurice Schumann, 1911-1998），法國政治家、作家，於二戰抵抗運動期間擔任流亡政府「自由法國」（France Libre）發言人。

的恩典。

像西蒙・韋伊的文字，這樣的傑作若加上註解評述，只會削弱其力道，甚至背叛她的文字。我在此以作者的朋友身分介紹她的作品，不為其他原因，只因為我們的友誼與促膝長談為我鋪了一條道路，使我能更加接近她的思想、更易掌握並重整某些有時太艱澀、或發展得不夠完整的文章。別忘了，她的文字和帕斯卡（Pascal）[14]的文字一樣，只是一些匆匆暫砌的石堆，等待將來用以建造更完善的建築，可惜從未完工。

這些文章形式極簡、毫無贅飾[15]，正如其內容呈現的內在體驗。在生命與言說之間，毫無多餘之物：靈魂、思想與字句，形構一個毫無縫隙的整體。假設我不曾私下認識西蒙・韋伊，光憑她的風格，就足以讓我相信她證言的真實性。她的思想最驚人之處，是其可能運用範圍的多面性；文字的單純，使其探討的所有

14 譯註：布萊茲・帕斯卡（Blaise Pascal, 1623-1662），法國神學家、哲學家、數學家、物理學家、化學家、音樂家、教育家、氣象學家。帕斯卡辭世時仍在撰寫的神學著作，最後未能完成，相關筆記後來集結為《思想錄》（*Pensées*）一書。

15 文中因此出現若干重複，以及形式之草率，我們審慎地遵照整體原文。

主題精闢易懂；她的文字將我們帶上人生於世的最高頂峰，一眼便能望盡所有層層疊疊的、無窮無盡的地平線。「必須接納所有意見，」她說，「但要將它們垂直排列，各自放在合宜的高度上。」她還說：「所有足夠真實、因此得以包含種種層疊詮釋之事物，必定是純潔或良善之事。」像這樣的宏觀與純粹，在她作品中的每一頁都能找到徵兆。

舉例來說，萊布尼茲（Leibniz）[16]無法解決的、關於樂觀主義與悲觀主義之間無止無休的論戰，她的思想提出了解決之道：「神與其造物之間，存在著所有類型的距離。有些距離當中，神的愛不可能存在，譬如關於材質、植物、動物。惡的滿盈之處，即是惡自我毀滅之處——於是惡不復存在，它成為聖潔神性的鏡中倒影。我們如今所在之處，愛險些就不可能了。這是極大的特權，因為兩個不同個體之間的距離越遠，結合兩者的愛就越深。神創造的世界，並非最好的世界，而是擁有善與惡的所有層級。我們如今所在之處，是最惡之處。若比如今之惡還要更惡，那就化作純潔了。」

16　譯註：哥特弗利德・威廉・萊布尼茲（Gottfried Wilhelm Leibniz, 1646-1716），德意志民族神聖羅馬帝國律師、理性主義哲學家，研究領域包括數學、物理學、形上學、心理學、生物學、醫學、史學、神學……等等，被喻為「十七世紀的亞里斯多德」。

另一個段落，則在闡述惡的問題之同時，觸及神的大愛之奧祕：「一切受造之物，都拒絕在我眼中成為目的。這便是神對我的最大慈悲。此即惡。在這世上，神的慈悲化作具體形式，便是惡。」此外，還有她斷然反駁一些思想家譬如叔本華（Schopenhauer）或尼采的說法，反對他們以根深蒂固的悲觀主義看待世上的惡：「說世界毫無價值、說這生命毫無價值，並且以惡作為佐證，這樣是很荒謬的。因為，若毫無價值，那麼惡又能剝奪什麼呢？」

她亦提及將高層級嵌入低層級的法則，她的說法是：「所有超越另一等級的等級，只能以無窮小的形式嵌入低者。」這樣的思想補足了帕斯卡的三秩序法則[17]，並使其更加深入。生命世界在物質世界之中，確實是以無窮小的形式呈現：相較於地球甚至宇宙的浩瀚，生物代表什麼呢？而心靈世界和生命世界相較亦是如此：地球上有至少五十萬種生物，卻只有一種擁有智慧。至於恩典的世界，則是在我們的思想整體當中、在我們的世俗情感之中，以無窮小的形式呈

17 譯註：帕斯卡的理論中，有三種秩序，分別屬於身體（生理、感受等等）、理性（知識、智慧）、心（慈悲）。

現：福音書中的芥菜種籽與麵酵[18]，已足以證明這「純粹之善的微小特徵」。

對於內在淨化的深切渴求，鼓舞並影響了西蒙・韋伊的所有作品，無論在作品的形而上學或神學方面皆是如此。她全心追求至善與絕對，俗世毫無證據能夠證明至善與絕對的存在，但她能感覺這比所有實際存在於她心中、環繞在她四周的一切更加真實。她希望將她對於這完美之物的信仰，奠基在任何命運波折與不幸際遇、任何精神或物質上的騷亂動盪都無法動搖的基礎之上。為此，首要之事，是在精神生活當中，消除任何各種形式的幻覺、以及一切形式的補償（空想的憐憫、宗教的「慰藉」、關於自我永垂不朽的不明確信仰等等），這些往往篡奪了神之名，它們實際上不過是讓我們的弱點或傲慢棲身的避風港：「要留意『無窮』位於何處。若其位置僅符合有窮，那麼無論如何稱呼，都沒有意義。」

創世，不僅透過其美與和諧來倒映神的特質，也藉由其內部之惡與死、藉由掌控它的、難以覺察的必然性，顯現了神的缺席。神創造了我們：這代表我們帶著祂的印記，也代表我們與祂分離了。「存在」（exister）一詞的詞源（置身於外）已清楚說明這一點：我們既是存在、亦是不在。神作為唯一的存在，就某方

18 譯註：《馬太福音》（*Évangile selon Matthieu*）第十三章中，耶穌將天國比喻為芥菜種籽（種籽雖小，卻能長成大樹）與麵酵（雖是少量，卻能使大量麵團膨脹）。

面來說，祂抹消了自己，好讓我們能夠存在；祂放棄全然存在，好讓我們成為存在的事物；祂為了我們而剝奪祂自己的必然性，一種與善融合的必然性，讓位給另一種外來的、對善無動於衷的必然性。神創造的同時，亦因此抽離人世。主掌這世界的核心法則，是重力法則。生命的所有不同層級，都存在相同的重力法則。重力是最具代表性之「遠離神」（déifuge）的力量。重力使每個受造之人竭盡全力，尋找一切可使自己不致下墜、抑或可以壯大自己的方式。借用修昔底德（Thucydides）[19]的說法，人類因此試圖使用所有能夠使用的力量。就心理層面而言，這表現在所有企圖表現自我、重建自我的動機之上，亦顯現於所有隱蔽的遁詞之上（對自己說謊；躲進白日夢或虛假理念之中；用幻想侵蝕過往或未來……等等），也就是所有我們用來鞏固自己岌岌可危內在的所有手段。我們因此繼續站在神的對立面、神的外面。

西蒙．韋伊透過這些詞語，來思考救贖的問題：「該如何逃離我們身上這道近似重力的法則呢？」只能透過恩典。為了來到我們這兒，神穿越了時間與空間無邊無際的廣袤。祂的恩典，絲毫無法改變世間關於偶然與必然的盲目遊戲。恩

19 譯註：修昔底德（Thucydides, 460-400B.C. 左右），古希臘歷史學家、政治家、將軍。

典緩緩滲透我們的靈魂，如涓滴穿透地層而不改變地層，在靈魂底部靜候我們同意再度成為神的一部分。重力是創造的法則，恩典則使我們「解除創造」。神愛世人，於是同意不再作為一切事物存在，使我們能夠成為存在之物；我們必須因為愛神，而同意化作無物，才能讓神再度成為萬事萬物。因此，我們必須消弭我們的自我。自我是「罪與錯誤投射的影子，它阻擋神的光，而我們誤認它真實存在。」若非這樣的全然謙卑、若非這份無條件同意化作無物的決心，則所有的壯烈舉止與犧牲奉獻，都仍逃不過重力與謊言的掌控。「我們唯一能夠奉獻之物，唯有自我。否則，所有我們稱為奉獻品之物，都只是一個標籤，貼在自我的抵償物之上。」

若要消滅自我，就必須毫無防備、赤裸裸地暴露在生命的傷害之下，必須接受虛空與失衡，並永遠不去試圖彌補苦難。最重要的是，停止在內心用想像去「不斷試圖填補裂縫」。有裂縫，恩典才得以滲入」。所有的罪，都是因為試圖逃離虛空。除此之外，也必須放棄過往與未來，因為自我是過往與未來具體化所形成之物，環繞著總是有缺陷的現在。回憶與期盼，只會抹消苦難能夠帶來的益處，並開啟關於昇華的想像空間（我曾經如此、我將會如此……），反之，忠於當下能使人類確實化作無物，因此能開啟通往永恆的門扉。

消除自我，必須透過愛，在內部進行。但是，極度的苦痛與屈辱，也能由外部消滅自我。有些遊民與妓女已失去自愛之心，他們不比聖人自愛，他們的一生都只有眼前這一刻。這便是屈辱造成的悲劇：它之所以無可挽回，並非因為它毀滅的自我至關珍貴——這些人的自我，原已注定毀滅；而是因為，它阻止神親自毀滅這些自我，阻止他們接受永恆的愛。

西蒙．韋伊嚴格區分超自然的犧牲奉獻、以及其他所有壯烈之舉與英雄事蹟。神在俗世，是最弱小、最身無一物的存在；祂的愛無法填補人們的實際需求，而偶像的愛卻能辦到；若要去神那裡，就必須忍受虛空，必須拒絕所有傲慢與激情帶來的陶醉，因為那只會掩蔽死亡令人畏懼的奧秘。若要去神那裡，唯一能夠做為引導的，只有《聖經》提及的「微風」，肉身與自我皆無法察覺的這道微風。「像聖徒彼得一樣對基督說『我會忠於祢』，便已是背棄祂，因為這樣的發言，是將忠誠的根源認定為他自己，而非恩典。身為神選之人，這樣的背棄對所有人與他自己，都是顯然易見的。多少人曾經這樣自誇——他們永遠無法理解。」為強者而死是容易的，因為投身強大的力量，會激起一股令人麻木的狂熱。為弱者而死，則是超自然的，成千上萬的士兵為了拿破崙（Napoléon）壯烈捐軀，瀕危的基督卻被門徒們拋棄了（後來的殉教變得比較容易，因為已有教會的社會力量支撐他們）。「超自然之愛與強悍之力無關，亦無法保護人們不受軍隊與武器襲擊。能抵擋冰冷武器者，唯有俗世牽掛，若它蘊含足夠能量。盔甲與劍，均由金屬打造。若渴望一份能夠保護人們不受傷的愛，就不應愛神，應去愛其他事物。」

英雄穿戴盔甲；聖人赤身裸體。但是，盔甲雖能防範攻擊，卻同時阻礙了與真實的直接接觸，它尤其隔絕了三度空間，也就是屬於超自然之愛的空間。若要事物對我們而言真正存在，就必須讓它進入我們。因此，必須赤身裸體。若有盔甲保護我們不致受傷、使我們無法感受傷口帶來的深刻體驗，那就什麼都無法進入我們。所有的罪，都是因為企圖抗拒三度空間、因為試圖將渴望深入內裡的欲求帶回非現實的、無痛的表面。減少自己苦痛的同時，亦會減弱自己內心深處與真實直接相連的程度，二者程度相等，這法則極度精確。無計可施之下，生命的一切都僅只浮於表面，這樣的生命並不比夢更痛苦，因為二度空間的生活，變得如夢一般，只有平面。慰藉、幻覺、自誇、以及種種因為嘗試彌補現實導致的虛空而產生的補償反應，亦是如此。空無一物、空空蕩蕩，虛空意味著三度空間是存在的；二度空間的表面，無法深入其中。若填補虛空，就代表將自己隔絕在表面，只待在表面。古老物理學的格言說道：「大自然厭惡虛空」，這亦是適用於心理學的定律。然而，恩典正是需要這份虛空，才能進入我們。

這道「解除創造」的過程，是救贖的唯一管道，它來自恩典，而非意志。人類並非因為勉強奮力而升天。意志只適合奴隸的工作，它能保證恩典發生之前、事先需要的天生美德能夠正確執行，就像農人的勞苦艱辛之於播種。但神恩的幼芽來自別的地方……一如柏拉圖或馬勒伯朗士（Malebranche）[20]，西蒙．韋伊在這方面更看重專注而非意志。「必須看待善惡沒有分別，**確確實實**沒有分別，亦即對兩者投以相等的專注。如此，善便會透過一種自動現象而勝出。」確切來說，應創造的，正是這屬於高層級的自動現象：達到它的方式，並非繃緊自我並「竭盡所能」去行善（以低劣的心靈狀態去行使高尚行為，是最墮落之事），而是藉由不斷抹消自己、藉由愛，達到順從恩典的完美狀態，讓善在其中自然而然地流露出來。「行為是天秤的指針。需調整的並非指針，而是砝碼。」可惜的是，面對這座「宙斯的黃金天秤」，在指針上面動手腳，比調整自己的砝碼簡單多了。

宗教的專注，因此使我們超越「對立因素之間的迷惘」，以及善惡之間的抉

20 譯註：尼古拉．馬勒伯朗士（Nicolas Malebranche, 1638-1715），法國哲學家、神學家。

擇。「抉擇，是低層級的概念。」只要我仍猶豫不決是否要去做一件壞事（譬如：是否佔有這個向我獻身的女子；是否背叛這個朋友），儘管我選擇了善，我依舊無法超越我抗拒的惡、無法凌駕其上。若要使我的「善行」真正純粹，我必須能夠俯瞰這悲慘的舉棋不定，讓我行善的外在行為確確實實反映我內在的必然性。神聖之事因此與卑鄙醜行相似[21]：極度卑劣的男人會毫不猶豫地因為欲火而佔有一名女人，或為了自己的利益而背叛朋友；與此相似，聖人之所以保持忠誠或純潔，並不是因為他這樣選擇，而是因為他非如此不可，他趨近善，就像蜜蜂趨近花。若我們是在善惡的天秤上選擇了善，那麼這樣的善不過是一種社會價值。在理解此奧秘之人的眼裡，這樣的善，其動機與與惡相同，它與惡一樣鄙俗。因此，某些形式的「美德」與相應的罪，竊賊以及守護財產的富人、蕩婦與「良家婦女」、儲蓄與揮霍，經常是相似的。真正的善，並非與惡相反（若要直接與某事物對立，二者必須處於相同高度），而是超越惡、抹消惡。「惡所進犯

21 這是赫密士主義的法則：最高處與最低處是相彷的——這套關於存在的核心法則，在西蒙・韋伊所有作品中皆能見到無窮盡的應用。因此，聖人的非暴力，就外在而言，與軟弱是相彷的；最高的智慧彷若無知；恩典的動力，複製了動物直覺的命中注定（我在袮面前成為一頭役畜……）；超然近似冷漠，諸如此類。

的，並不是善，因為善是不容進犯的；能夠進犯的善，是早已墮落的善。」

人若一心執著追求純粹的善，便會在俗世遭逢難以克服的矛盾。矛盾，是判別現實是否為真的試煉。「我們的生命充滿不可能性與荒謬性。我們企求的每件事物，都和它相關的條件或結果相互矛盾。因為我們自身即是矛盾，我們是神的造物，是神，又絕對不是神。」譬如，如果生很多孩子的話，便會導致人口過多、進而引發戰爭（日本便是典型的例子）；提升人民在物質方面的生活品質，可能會使他們的靈魂變質；為了某人全心奉獻、犧牲一切，因而在這個人眼中變得無關緊要，諸如此類。只有想像的善能夠毫無矛盾：少女期望擁有許多後代子孫；社會改革者夢想人民的幸福……只要尚未實現，想像的善絲毫不會遭遇阻礙。想像者在至善的海上航行，但這善是虛構的，直至觸礁之際，方為醒轉之時。這矛盾代表我們的苦難與高貴，我們必須接受它，連同它所有的苦澀之處一起接受它。因為唯有透過這善惡交雜的宇宙之荒謬性，體驗它、因它而受苦，我們才能達到至善。至善的國土，不屬於這世界。「純粹的善行，是將意念完全專注於至善與不可能，不受任何謊言蒙蔽，亦不受至善之吸引力與不可能性蒙蔽。」不該以幻夢（將神視為世俗的父親一樣崇拜、信仰科學或進步……）來填補必然與善之間的鴻溝，而應照原樣接納矛盾的兩極、任憑自己被兩者之間的距離拉扯，如同五馬分屍。人承受這撕裂般的苦楚，正反映了神被創世之舉撕裂的形象，而我們能在其中發現必然與善最初的相同之處：「這世界既然毫無神的存在，它因此是神自身。必然性既然完全異於善，那麼它便是善自身。正因如此，苦難之中的任何慰藉，都會使人遠離愛與真實。此為奧義中的奧義。一旦領略，便能安心。」於是，拒絕懵懂度日之人，注定受苦。自安蒂岡妮因為愛而被俗世城邦的國王賜死[22]，直至西蒙．韋伊自己因人類的不公義而受難辭世，追求絕對之人卻深陷於相對之中，對這些人而言，苦難便是注定的命運：「若只渴求善，便是抗拒善惡如同光影一體兩面的法則，也是抗拒普世的法則，落入苦難是無可避免之事。」靈魂若未全然淨空，對至善的渴求便會引起企圖贖罪之痛苦；而在完全無辜的靈魂中，它造成的則是救世之痛苦：「身為無辜者，便是承擔整個宇宙的重量，是抛下抵銷的力量。」因此，純粹無法消弭痛苦，反而將痛苦加深至無窮盡，同時賦予它一種永恆意義：「基督教的偉大之處，在於它不尋求治癒痛苦的超自然療法，而是尋求痛苦本身的超自然功能。」

痛苦使人類被「解除創造」並返還於神。痛苦之奧義，是神化作肉身之奧義

22 譯註：安蒂岡妮（Antigone）是希臘神話中，伊底帕斯的女兒之一，她因為堅持安葬其兄，違反了國王的禁令。

的核心。神若未曾化為肉身，受苦並死去的人們就某方面來說，就變得比神偉大。但神化為人，死在十字架上。「神拋棄了神。神淨空祂自身：這句話同時包含創世、降生與受難……為了讓我們理解自身的不存在，神將自己化作不存在。」換句話說，神將自己化作受造之人，來教導我們解除自身內在的受造之人。祂因為愛而使自己與自身分離，我們因此回到祂身邊。西蒙．韋伊認為，耶穌基督扮演的居間角色，其本質正是顯現於祂以人類條件升天的處境當中最悲慘最苦難之處：其中的預兆與奇蹟，都建構其任務當中屬於人類的、幾乎低層級的部分；屬於超自然的部分，則是臨終垂危、汗與血、十字架，以及祂對無語蒼天的徒勞吶喊。救世主說：「父，祢為何離棄我？」這句話囊括了受造之人的全部焦慮，人被遺棄在時光與惡之中，而天父僅沉默以對——沉默一詞，已足以證明基督教的神性。

※※※

西蒙對於永恆與絕對的著迷，絲毫未曾減弱她對世俗價值之崇高與必要性的瞭解。她將世俗價值視為神與人之間的居間之物，也就是「中介」（metaxu）。

「毀滅何物會瀆聖？並非位於低處之物，因為它無關緊要；亦非位於高處之物，因為無法觸及。是**中介**。**中介**是善惡交匯之處……不可剝奪任何人類這些既相對又雜沓的財產（家、國、傳統、文化等等），它們溫暖人心、滋養靈魂，如果沒有這些財產，在神聖生活以外，人不可能過人道生活。」但這些相對且紛雜的財產，唯有那些曾經因為神之愛而被剝奪一切的人，才能以本來面目看待這些財產；至於其他人，則會或多或少將這些財產視為偶像：「以超自然之愛去愛神的那些人，是唯一能夠將手段視為手段的人。」

無論西蒙．韋伊如何闡述「抉擇是低層級的概念」、批評意志的努力在超自然領域中絕對無效，她並不傾向寂靜主義。相反地，她不斷提醒我們：若不嚴格勤加執行天生美德，那麼神祕主義的生活將會只是幻覺。恩典的源頭存在於人的外部，但恩典的條件位於人的內部。西蒙．韋伊痛恨幻覺，尤其是偽裝成敏感慈悲心的宗教「狂熱主義」（Schwärmerei），在純粹的靈修之中，這份憎惡能夠抵制其中煽動的傲慢或幻想。西蒙．韋伊喜好引述聖十字若望所言：使人迴避履行簡單而低層級的義務之啟示，並不來自於神。「我們被賦予責任，是為了消滅自我……唯有運用自己的意志來反對遵循規則，我們的祈禱才是真正的祈禱。」在西蒙．韋伊眼中，宗教狂熱若未建立在嚴謹執行的日常義務實踐之上，那就十分可疑，因此，她自己偶爾疏忽怠慢、無法完成這項義務時（多半是因為她健康不佳），她總因此感到苦悶，懷疑自己靈修志向的可信度。「這些神秘主義現象，」她在生命最後一刻，以令人心碎的謙卑寫道，「全都超出我的能力範圍。我對此一無所知。這些現象，首先屬於那些擁有基本道德美德的人。我只是盲目地談論它。而我甚至沒有能力真心誠意告訴自己：我只是盲目談論它。」

要理解西蒙・韋伊，只能從她發聲的層級去理解。她的作品是寫給和她一樣身無一物的人，若非如此，至少也是內心深處仍憧憬至善之人。西蒙・韋伊將她的生與死都奉獻給這道至善。這樣的靈性生活可能導致的危險，我並未忽略，因為最嚴重的眩暈即是來自最高的峰頂。儘管如此，即使強光可能起火燃燒，也不能因此讓它不見天日。

本書並非哲學，而是生命。西蒙・韋伊絲毫不曾企圖建立她的個人思想體系，她全心渴望作品中沒有她自己。她唯一的願望，是不再介入神與人之間——是消失：「好讓造物主與受造之人能彼此交換祕密」。她鄙視自己的天賦，她深知，真正的偉大，是化作無物。「我擁有的能量與天賦有何重要？我總有足夠的能量和天賦，好讓我消失不見……」她心願得償，因為若干段落確實達到了這樣的共鳴反響，不涉及個人風格，顯得恍如天啟：「若痛苦使我們沉淪，就不可能原諒導致我們痛苦之人。必須認為痛苦並非使我們降低高度，而是彰顯出我們實際置身的高度。」她還寫道：「若有人使我痛苦，應期望這痛苦不使我沉淪。愛那個使我痛苦之人，好讓他並未真正造成傷害。」西蒙・韋伊顯得像個純粹的信使，並不全然因為她作品條理分明的特質，更因為她的文字發出如此謙卑又充滿愛的吶喊。我沒有一刻不相信她。透過出版她的筆記，我將這份信心延伸至所有即將閱讀她文字的人們身上。

本書收錄的所有文章，都出自西蒙・韋伊本人交付給我們的手稿。因此，它們都寫於一九四二年五月之前。她的雙親基於熱心而交給我們的較新文章，皆未能收錄於本書之中。我們在筆記中選擇的這些段落，夾雜在無數引言、哲學與科學研究之間。我們在兩種編排方式當中猶豫不決：依照書寫順序，將西蒙・韋伊的思想一則接一則排列出來；抑或將之分門別類。後者顯得較為得宜。

古斯塔夫・蒂邦

一九四七年二月

重力與恩典[23]

LA PESANTEUR ET LA GRÂCE

靈魂所有**自然**運動，皆由一種法則主導。這法則，近似物質界的重力。唯有恩典，能夠造就特例。

萬物皆符合重力法則，除非有超自然的外力介入。

兩股力量主宰宇宙：光與重力。

重力——一般而言，我們對他人的期望，是由我們自身內部的重力作用來決定；他人對待我們的方式，則是由他們自身內部的重力作用來決定。有時二者相互吻合（基於偶然），但通常，這兩者往往不一致。

為何，當一名人類表示他不需要或極度需要另一個人時，對方會立刻遠離？因為重力。

23 譯註：法文「grâce」一詞除了「恩典」之意，亦可指「優雅」，可想像為一種不受地心引力影響的輕盈優雅。

李爾王，重力的悲劇。低劣之事，皆是重力現象。此外，低劣一詞本身，已足以說明其重力本質。

動作的意圖，以及動作之能量泉源的高低程度，是截然不同之事。

有些事**非做不可**。但能量從何處汲取？高尚的行動，若無相同高度的能量相對應，勢必向下沉淪。

低處與膚淺，是相同層級。他的愛狂暴而低劣：這句話是有可能的。他的愛深刻而低劣：這句話是不可能的。

同樣的苦痛，動機較高者，會比動機較低者更難承受（人們能夠從凌晨一點站到早上八點，動也不動，只為了求一顆蛋，卻鮮少為了拯救一條人命而這樣做）——若真如此，那麼較低等的美德，或許在某方面比高尚美德更能戰勝艱苦、誘惑與苦難的考驗。拿破崙的士兵們。運用殘酷來維持或提振軍人們的士氣。勿忘，它與失敗的關聯。

這是一種特殊法則，由於它，力量通常位於低劣之處。重力是其象徵。

排隊取食。同樣的行為，動機較低者，較為容易。低層級的動機，比高層級的動機更能匯聚能量。問題是：如何將屬於低層級動機的能量傳至高處？

勿忘，頭痛發作的某些片刻，疼痛不已時，我心中強烈渴望，想讓另一個人類受苦，想揍他額頭和我疼痛位置相同的地方。

相似的渴望，在人類身上非常普遍。

在這樣的情形之下，我屈服了好幾次，無法克制自己說出傷人的話語。臣服於重力。最重的罪。言語表述事物關係的功能，因此遭受損害。

祈求的態度：不可避免地，我轉而尋求我自身以外的其他事物，這是為了從自我當中解放。

若用我自己的能量去嘗試擺脫自我，那會像是一頭乳牛拉扯腳上的絆繩，因而跪倒在地。

於是，我們透過暴力來釋放內在的能量，但這暴力會使其沉淪。熱力學的補償作用，惡性循環，我們在其中無法獲得自由，除非身在高處。

人的心靈能量泉源來自外在，一如身體能量的泉源（腐朽、呼吸）。一般而言，他總能尋得這些能量，正因如此，他便誤以為，僅憑其內在力量便能維繫生命，一如他對身體的錯覺。唯有被剝奪的時候，人才能真正感受其需求。一旦被剝奪，他便無法阻止自己去尋求**任何**可食用之物。

對此，只有一種解藥：葉綠素。有了葉綠素，才能用陽光餵養自己。

不論斷。所有的錯都是相等的。錯只有一種：沒有能力用陽光餵養自己。由於失去了光合作用的能力，所有的錯誤都成為可能。

「我的食物，就是遵行差我來者的旨意。」[24]

這樣的能力，是唯一的善。

以一種不受重力影響的動作而下降……萬物因重力而下沉、因翅膀而上升。哪種翅膀擁有另一種力量，能夠在無重力的狀態之中下降？

創世，源於重力的下沉運動、恩典的上升運動、以及另一種源於恩典力量的下降運動。

---

24 譯註：《約翰福音》（*Évangile selon Jean*）第四章。

恩典，是下降運動的法則。

自行降低高度，是在心靈的重力中上升。心靈的重力，使我們朝上降落。

過度的不幸，會將人類置於比憐憫更低的層級，僅剩憎惡、恐懼、輕蔑之心。

憐憫只能降至一定的低處，無法再向下降。慈悲之心如何降至更低處呢？落至如此低處之人，會對他們自己心生憐憫嗎？

虛空與補償

VIDE ET COMPENSATION

人類的機制。每個受苦的人，都試圖傳達其痛苦——若非粗暴對待他人，便是試著激發他人的憐憫，藉此緩解痛苦。這樣確實能夠減輕痛苦。最底層之人，無人同情，也沒有能夠苛待的對象（如果他沒有小孩、也沒人愛他），痛苦便滯留在他的內心、毒害他。

像重力一樣，無法推卻。如何自其中解脫？該如何逃離這類似重力的法則呢？

將自己內在的惡散佈至外部——我仍有這種傾向！人事物在我眼中不夠聖潔。當我化做淤泥之際，願我什麼都不玷汙。連用想的都不去玷汙。即使是最糟的時刻，我都不會去毀損一座希臘雕像或喬托（Giotto）[25]的壁畫。既然如此，又怎麼會去損害其他事物呢？一個人生命當中的某一刻，為何會是幸福的一刻？

若痛苦使我們沉淪，就不可能原諒導致我們痛苦之人。必須認為痛苦並非使我們降低高度，而是彰顯出我們實際置身的高度。

25 譯註：喬托・迪・邦多內（Giotto di Bondone, 1267-1337），義大利畫家、建築師，被喻為「西方繪畫之父」。

渴望看見他人承受與我們相同的苦。由於這渴望，除了社會動盪的時代之外，一般而言，苦難的百姓會將怨恨發洩在同類身上。

這是維持社會穩定的要素之一。

人傾向於將自己內在的惡散佈至外部。若是因為力量太微弱而無法引人同情或傷害他人，便只能傷害**宇宙在自己內心的形象**。

於是，所有美好事物，都成為凌辱。

傷害他人，能因此得到某種東西。什麼東西？造成傷害時，能夠贏得什麼（雖然事後必須付出代價）？我們壯大了自我。我們被聽見了。在他人內心製造虛空的同時，我們填補了自己內心的虛空。

能夠傷害他人而不受制裁（譬如，將憤怒發洩在被迫噤聲的弱者身上），可使自己不耗費能量，而是讓他人去耗費能量。不正當的欲望滿足亦是如此。用這種方式節省下來的能量，立刻就墮落了。

原諒。這我們辦不到。當別人傷害我們時，我們內心會有一股反作用力。復仇的欲望，是尋求平衡的基本渴望。必須往別的方向尋求平衡，憑一己之力去碰觸這道極限。在此，我們便觸及虛空。（自助者，天助之……）

頭疼。在這種時刻，將疼痛投射至宇宙，能減輕痛苦，而這宇宙是變質的宇宙；疼痛回到原位之後，痛苦加劇，但我心中某處並不受苦，它與未變質的宇宙保持連結。用同樣方式對待熱情。使其冷靜，將其帶回某個出發點，然後不再在意它。痛苦尤須如此對待。阻止任何痛苦影響事物。

不應尋求平衡，因為那只是想像。譬如復仇。即使我們確實殺害或拷打敵人，就某方面來說，那仍是想像。

人活在世上，是為了他的城邦、他的家、他的友人，為了求取財富、提升社會地位等等——而一場戰爭爆發，他被擄走成為奴隸，從今而後，永永遠遠，他必須耗盡所有體能直至極限，只為了生存。

這事萬分恐怖，難以容忍。因為如此，他不會想像太過悲慘的結局，好讓自己能撐下去，就算目標只是為了不要被懲罰，而是讓身旁的奴隸被懲罰。他已無法選擇結局。無論何種結局，都是溺水之人眼前的浮木。

城邦被摧毀的奴隸們，喪失了過往與將來，他們能用什麼東西來填補思緒？謊言，以及最低微、最可悲的貪欲。相較於先前為了捍衛家園而甘願捐軀的熱血，或許他們如今更勇於為了偷一隻雞而犧牲性命。必定如此，否則這些駭人的酷刑就沒有必要了。

若不願如此，就必須忍受侵襲思想的虛空。

身陷苦難時，為了擁有足夠氣力去注視苦難，就需要超自然的食糧。

過度艱難的情境使人降低高度，這是因為高層級的情感所提供的能量，通常是有限的。若情況迫使我們必須超越這極限，就必須尋求低層級的情感（恐懼、貪欲、對名聲與外在榮耀的喜好）來支援，這類情感的能量是更強的。

上述的極限，是眾多事態急轉直下的關鍵。

人們因為熱愛善而踏上受苦之路，最後瀕臨極限、墮落沉淪，這是他們的悲劇。

路上的石頭。若非撲向石頭，彷彿強烈的欲望能使石頭消失，就是直接離去，彷彿自己不存在。

欲望當中，包含絕對。當能量耗竭之際，欲望失去這能力，絕對便會轉化為阻礙。落敗者、被壓迫者的心靈狀態。

應理解（每件事都）有極限，若無超自然力量協助，便無法（或很難）超越，而代價會是劇烈的沉淪。

構成動機的物件若消失，將會釋放能量，但這能量總傾向往低處移動。低層級的情感（嫉羨、憤恨），是墮落的能量。

任何形式的補償，都會使能量降低高度。

完成一樁好事（或一件藝術作品）之後的自我陶醉，是原本屬於高層級的能量之沉淪。所以右手必須無視……

純屬幻想的補償（路易十四的微笑）是等值的補償，因為和人們的付出是完全等值的。真正的補償則相反，和人們的付出相較，它若非太多、便是太少。此外，唯有想像的利益，才能夠提供足夠能量，使人付出無止盡的努力。但路易十四必須真的微笑，否則便是無法訴諸言語的剝奪。多數時刻，國王只能付出想像的補償，否則他將無法償還一切。

就某種層級而言，宗教亦是如此。因為得不到路易十四的微笑，我們便製造了一個對我們微笑的神。

不然，就自己讚美自己。必須得到等值的補償。不可避免，如同重力。

受人愛戴之人，多令人失望啊。我寫信給他。他不可能不回覆我，告訴我，那些我以他之名告訴自己的事。

我們想像他人應該給我們某些事物，這些事物便成了他們虧欠我們的。應解除他們的債。

接受他們不符我們想像，便是擬仿神對於其造物之棄絕。

我也是如此，我不符合自己對自己的想像。知曉此事，已是寬恕。

接受虛空

ACCEPTER LE VIDE

「我們基於傳統而相信諸神；我們基於在人類身上得到的經驗，證實人必定因為天性，而使用他能使用的所有能力」（修昔底德）。靈魂像瓦斯一樣，傾向佔據所有能夠佔據的空間。瓦斯若是主動縮回，便是違背熵（l'entropie）之定律[26]，使空間變得空無一物——此即虛空。基督教的神，沒有佔據空間的傾向。基督教的神是**超自然**之神，而耶和華[27]則是**自然**之神。

不去使用自己擁有的全部力量，便是容忍虛空。這違背所有自然法則——唯有恩典能辦到這點。

恩典有能力填補，但恩典僅在有虛空能容納它時，方能滲入，而這虛空是由恩典造就的。

人需要補償、需要得到與其付出等值之物。若扭曲這份需求，便會造成虛空，像真空吸引空氣，因而引發超自然的補償。如果得到其他回報，恩典就不會降臨。是虛空使恩典降臨。

解除他人的債務，亦是如此（這裡指的不只是他人對我們造的惡，亦指我們

26 譯註：源自熱力學第二定律，在哲學層面主要指涉萬物注定日益失序的混亂狀態。
27 譯註：西蒙·韋伊在本書中提及「耶和華」時，指的是天主教舊教的信仰。

對他人行的善），我們藉此接受自己內在的虛空。

接受自己內在的虛空，是超自然的。得不到補償的行動，所需能量該往何處尋求？能量必須來自其他地方。但首先必須要有某種心碎、絕望之事，首先，必須引發虛空。虛空，是幽暗之夜。

讚美與憐憫（尤其是兩者的綜合）會招致現實的能量。必須避開。

人需要有一段時間得不到補償，無論自然或超自然。

世界的呈現，其中需有虛空，如此一來，世界才會需要神。這意味著惡。

熱愛真理，意味忍受虛空，並進一步接受死亡。真理站在死亡那邊。

人即使能夠逃離俗世法則，也只是短短一瞬間。這一刻屬於暫歇、靜觀、純粹的直覺；這一刻是精神的虛空，亦是接受心靈之虛空。超自然因這些片刻而成為可能。

在某刻容忍虛空者，若非獲取超自然的食糧，便是墜落。巨大的風險。但必須冒險，即使毫無希望。儘管如此，亦不能驟然投入其中。

超然

DÉTACHEMENT

要達到完全的超然，只有苦難是不夠的。必須是毫無慰藉的苦難。不能有慰藉。必須毫無任何可以想像的慰藉。如此，不可言喻的慰藉便會降臨。

解除他人的債務。接受過往，不企求在未來得到補償。停止當下的時間。如此，亦是接受死亡。

「祂淨空了自己的神性。」將自己從世界中淨空。以奴隸姿態掩飾本質。將自身縮減為時空之中的座標點。縮減為無。

擺脫想像世界的統治。絕對的孤寂。如此，便擁有世界的真理。

放棄物質財產，有兩種方式：

——為了精神財產而戒除它；

——保留它，將之視作保有精神財產的必要條件（譬如：飢餓、疲憊、屈辱會蒙蔽智慧，並妨礙沉思），但仍放棄它。

第二種方式，心靈必須質樸無華。

若擁有更多，若這物質財產與精神財產無關，而是兀自存在，那它就會變得危險。

放棄所有非恩典之物，但又不去渴求恩典。

泯滅欲望（佛教）、超然、愛自己的命運（Amor fati）、對於絕對之善的渴求，都是同一件事：清除欲念，淨空所有事物的目的性，渴求虛空。渴求，但並不期望。

使我們的渴求超然於所有財產之外，等待。經驗證明，這樣的等候能得到滿足。我們於是觸及了絕對的善。

超然於一切特定的對象，無欲無求，只欲求虛空。因為這虛空對我們而言，便是我們無法想像也無法定義的善。然而，這虛空卻比所有的盈滿都更盈滿。

若達成這一點，我們便超脫了，因為神將填補虛空。這絲毫不是我們今日習以為常的智識手段。智識不應尋找。應清除智識。智識只對苦役有益。

善對我們純屬虛無，因為沒有任何事物是善的。但虛無並不代表不真實。與這虛無相較之下，世上所有存在之事，都是不真實的。

填補虛空的信仰，是舒緩苦悶的糖蜜，應予以排除——相信永生不朽、相信罪有其用途（「即使是罪，亦能致善」）、相信凡事皆屬天意——總之，就是我們通常會在宗教中尋求的「慰藉」。

在特洛伊城與迦太基城被毀滅時愛神，不求慰藉。愛並非慰藉。愛是光。

世界的真實性是我們用依附建構的。這份真實性，屬於隨著我們在事物之間隨波逐流的自我。與外在的真實性毫不相關。外在的真實性，唯有透過完全的超然，方能覺察領會。依附即使僅存一道細絲，仍是依附。

苦難逼人依附於悲慘之物，徹底凸顯了「依附」本身的悲慘特質。由此，超然的必要性，就顯得更加清晰可見。

依附，會製造幻覺。凡渴望真實者，都必須超然。

一旦知曉某事為真，便無法繼續依附於它。

依附不是別物，是真實感的匱乏。人們執著於擁有某物，是因為人們相信，一旦不再擁有它，它便不復存在。一個人的城市被毀滅，以及一個人永遠離開該城，這兩件事截然不同，但許多人無法全心感受這一點。

人類的苦難，若不因時間而淡化，便會難以忍受。防止它淡化，**好讓它**難以忍受。

「當他們飽嚐淚水」（《伊里亞德》〔*Illiade*〕[28]）——這是另一種方式，能讓最大的痛苦變得能夠忍受。

不可因為得不到慰藉而哭泣[29]。

所有無法超然的痛苦，都是迷途的痛苦。沒什麼比這更可怖。冰冷的不毛之地，蜷縮的靈魂。奧維德（Ovide）[30]。普勞圖斯（Plaute）[31]的奴隸們。

28 譯註：《伊里亞德》（*Illiade*），荷馬史詩，描述特洛伊戰爭的圍城戰。

29 原文編按：儘管耶穌基督說「哀哭的人有福了」，但西蒙．韋伊在此譴責的，是那些因為世俗財產被剝奪而哭的、為了自己而灑落的淚水。

30 譯註：奧維德（Ovide, 43-17或18B.C.），古羅馬詩人，西元八年遭皇帝流放。

31 譯註：普勞圖斯（Plaute, 254-184B.C.），古羅馬喜劇作家，其劇作之奴隸角色經常充滿智慧，奴隸的獨白往往較其他角色高出兩倍。

想著不在眼前的心愛人事物時，切勿忘記，這事物或許已被摧毀、這人或許已死。

這想法不應減弱真實的情感，而應使其更加強烈。

每次說出「願祢的旨意成就」時，想著所有可能的苦難。

消滅自己，有兩種方式：自殺，或超然。

在心中殺害所有深愛之人事物，這是唯一的死亡方式。但僅限我們所愛之人事物。（不恨父親或母親……而祂說：要愛你的敵人……）

不可期望所愛之人永垂不朽。面對一名人類，無論此人是誰，都不可期望他死、或期望他長生不死。

守財奴因渴求自己的財寶而失去了它。若能將所有財產偷藏在地下，為何不託付給神？

但是，當神變得像守財奴眼中的財寶一樣意義重大時，應不斷大聲告訴自己：祂不存在。感受我們愛祂，儘管祂不存在。

是祂在黑夜中離去，好讓我們別像守財奴愛財寶那樣愛祂。

厄勒克特拉（Électre）因俄瑞斯忒斯（Oreste）之死而哭泣[32]。若能愛神而同時認為祂不存在，祂便會顯現。

32 譯註：希臘傳說中，厄勒克特拉（Électre）與俄瑞斯忒斯（Oreste）是一對姊弟，父親為特洛伊戰爭之希臘聯軍統帥阿加曼農（Agamemnon），阿加曼農被妻子謀害之後，俄瑞斯忒斯詐死多年，而後在姊姊厄勒克特拉協助之下復仇。

填補虛空的想像力

L'IMAGINATION COMBLEUSE

想像力總持續不斷運作，填補所有原本能讓恩典滲透的縫隙。

所有（不被接受的）虛空，都會導致恨意、尖刻、傷悲、仇恨。期望深恨之人受苦、想像他們受苦，能夠重建平衡。

《西班牙遺囑》中的民兵義勇軍編造勝利的戰役來使自己能夠忍受死亡，是想像力填補虛空的範例。儘管絲毫不可能戰勝，但人們能夠忍受因為勝利而死，而無法忍受因為戰敗而死。若為了毫無力量之事而死，則是超乎常人（基督的門徒）。想著死亡，會引發制衡力量，這樣的制衡力量，除了恩典以外，皆屬謊言。

填補虛空的想像物，基本上是謊言。它排除了只有真實對象的三度空間。它排除了各式各樣的關係。

試著定義那些雖然實際發生，但在某方面仍屬想像之事。戰爭。犯罪。復仇。極度的苦難。

西班牙的罪行雖是確實發生，卻宛如只是吹噓。

是現實，卻和夢一樣，純屬二度空間。

在惡之中，和夢一樣，沒有各式各樣的讀法[33]。罪犯的單一特質，源自於此。

僅屬二度空間的犯罪，一如只有兩面的夢：一邊是凶手、一邊是受害者。還有什麼比死在夢魘中更可怖？

補償。馬略（Marius）[34]幻想將來的復仇。拿破崙冀望千古留名。威廉二世渴求一杯茶，他的想像力因不戀棧權勢而不夠持久，他只幻想一杯茶。

十七世紀的人民對於偉人的崇敬（拉布呂耶爾〔La Bruyère〕）[35]，是想像力填補虛空的效應，後來被金錢取代而消失。這兩種效應皆屬低層級，但金錢更低一層。

33 西蒙・韋伊對該字彙的定義，請見本書〈讀〉一章。

34 譯註：蓋烏斯・馬略（Gaius Marius, 157-86B.C.），古羅馬軍事將領、執政官，影響了羅馬共和國後來的軍人共和時期。

35 譯註：尚・德・拉布呂耶爾（Jean de La Bruyère, 1645-1696），法國哲學家、作家。

在無論何種情形之下，若停止以想像力填補，便會產生虛空（心靈層面的貧乏）。在無論何種情形之下（但在某些狀況下，沉淪的代價多大啊！），想像力都能填補虛空。因為如此，平庸之人身為囚犯、奴隸、妓女，儘管嚐盡苦難，卻未能得到淨化。

需持續不斷地，在內心制止這份填補虛空的想像力。

若能接受無論何種虛空，還有什麼命運際遇能阻止我們去愛宇宙呢？

我們便能肯定，無論發生何事，**宇宙都是盈滿的**。

棄絕時光

RENONCEMENT AU TEMPS

時光能代表永恆，但也會偽造永恆。

被奪走財寶的守財奴。他被剝奪的，是凍結的過往。過去與未來，是人類唯一的財富。

未來能填補虛空。過往偶爾也有相同功能（我曾經如此、我做過這樣的事……）。在其餘的情況之下，苦難會讓關於幸福的思緒變得難以忍受；苦難因此奪去了不幸之人的過去（**沒有更大的痛苦……**）。

過去與將來，為不斷攀升的想像力提供了無限的空間，因此阻礙了苦難的益處。因為如此，對於過往與將來的棄絕，是所有放棄行動當中的首要之務。

現在是沒有目的性的。未來也沒有，因為它終將成為現在。但我們並不知曉未來。若將我們內心渴求目標之尖銳銳角指向現在，它便會刺穿它，直至永恆。

這便是絕望的用途，絕望使人遠離未來。

等待某種喜悅，並得到它，卻因此失望時，失望是因為曾經期待未來。若不願失望，未來就必須一直是未來，不能變成現在。這樣的荒謬性，唯有永恆方能治癒它。

時光與洞穴[36]。離開洞穴、變得超然，意思是不再趨向未來。

有種淨化方式，是向神祈禱。不只必須瞞著他人默默進行，更應在祈禱的同時，認為神並不存在[37]。

對死者的虔誠敬愛：為了不存在的人，竭盡所能。

他人之死所導致的痛苦，是虛空、失衡的痛苦。付出的努力失去對象，於是就此失去補償。若以想像力代替，便是沉淪。「讓死者埋葬他們自己的死者。」

36 譯註：本書提及之洞穴，可參考柏拉圖《理想國》第七卷之洞穴寓言：假設一群人終生被囚禁在岩洞之中，只能面對岩壁，他們看不見事物的實體，只能看著事物被火光投影在岩壁上的影子，因此誤以為影子便是實體。

37 原文編按：對我們的**自然**感官而言，我們能夠體驗的事物只有一種，也就是受造之物，若根據這個標準，神確實不存在，而與超自然的真實接觸之經驗，就這觀點而言，亦被視作一種不實質存在的體驗。

至於自身的死亡，不也是如此嗎？對象與補償，都存在於未來之中。被剝奪未來，即是虛空、失衡。因為如此，「思考哲學，即是學習死亡」。因為如此，「祈禱如同死亡。」

當痛苦與疲憊達到極限，使靈魂滋生一種無止無休的感受時，靜觀這永恆，接受它、愛它，便能永久解脫。

沒有對象的渴求

DÉSIRER SANS OBJET

淨化，是善與貪欲的分離。

降至欲望的源頭，以使這能量脫離它的對象。此處的欲望作為一種能量，是真的。而對象是假的。將欲望與其對象分離，會引起難以言述的撕心之痛。

若在自己的內心向下降落，便會發現，我們已確切擁有我們渴求之物。

若渴求某個（已經死去的）人，這渴求的對象便是特定的、有限的，人終將一死，而我們渴求這人，渴求他……，總之，這人已死，死於某日某時。我們擁有他——死去的他。

若渴求金錢，欲望的對象是貨幣（一種制度），它只能在某種條件或另一種條件之下獲得，於是我們只在某種情況之下渴求它……在這情況之下擁有它。

在這情形之下，欲望之對象物的存在模式，是苦痛與虛空。若揭開非現實的薄紗，我們便會看見，這是它們展現的模樣。

知曉這件事之後，我們仍舊痛苦，但卻是幸福的。

若能確切知曉，被偷走財寶的守財奴究竟失去了什麼，將會學到很多。

洛贊公爵（Lauzun）[38]的國王近衛隊隊長職責。他寧願當一個被囚禁的國王近衛隊隊長，也不願重獲自由但失去職位。

這些都是衣飾。「他們以赤身裸體為恥。」

失去某人：死者已然不在，化作虛假與想像，我們因而痛苦。但我們對死者的渴求並非想像。在自己內心下降，降至渴求實際存在之處，在那兒，渴求並非想像。飢餓：食物是我們的想像，但飢餓本身是真實的，應當握這飢餓。存在眼前的死者是想像的，而他不在場的事實是真的；從今而後，不在場便是他的顯現方式。

不可尋求超自然的食糧來填補虛空，那是對神的試探。

同時，亦不可逃避它。

虛空是至高無上的盈滿，但人類無權知曉此事。證據是基督亦曾一度對此毫

38 譯註：洛贊公爵（Duc de Lauzun，全名安托萬・農帕爾・德・科蒙〔Antoine Nompar de Caumont〕，1632-1723），法國廷臣、騎兵統帥。

不知悉。一部分的我應該知曉，其他部分則否，因為其他部分的我若以低層級的方式知曉此事，虛空便不復存在。

基督嚐遍人類所有苦難，除了罪。但祂亦遭遇了所有能引人犯罪之事。導致人們釀罪之物，是虛空。一切的罪，都是因為企圖填補虛空。因此，我污穢無比的生命，與祂全然純淨的生命是近似的，其他更低層級的生命亦是如此。如此之低，使得我即使墜落，也不會因此離祂太遠。但是，關於這一點，若我向下墜落，便再無法知曉了。

久違重逢的友人和我握手。我甚至沒注意到，這觸感是喜悅抑或痛苦。像一名使用拐杖末端感受物件的盲人一樣，我直接感受到的，是這位友人的在場。人生所有際遇，皆是如此。神亦是如此。

因此，面對痛苦，絕不可尋求慰藉。因為至福超越痛苦與慰藉的層級。至福是藉由另一種感官去感受的，如同用拐杖或其他器具的末端去感受的物件，與觸覺感受不同。這感官是在注意力的移轉過程中形成的，是一種學習過程，靈魂與身體皆全然投入其中。

因為如此，福音書說：「他們已經得了他們的賞賜」。不可有獎賞。感覺能力當中的虛空，超越感覺能力。

聖徒彼得對基督說「我會忠於祢」，便已是背棄祂，因為這樣的發言，是將忠誠的根源認定為他自己，而非恩典。幸運的是，身為神選之人，這樣的背棄對所有人與他自己，都是顯然易見的。多少人曾經這樣自誇——他們永遠無法理解。

向基督忠誠是很困難的。這是注定**沒有成果**的忠誠。相較之下，效忠拿破崙並為他而死，顯得簡單多了。相較之下，後來的殉道者較易保持忠誠，因為他們有教會的力量支撐，因為教會給了他們屬於現世的承諾。人們能為強者而死，但無法為了弱者而死，若他們因弱者而死，那也是仍舊保有往昔榮光的、曾經強大的弱者。因此，拿破崙被流放至聖赫勒拿島之後，繼續擁護他的支持者們抱持的忠誠，並非毫無成果的忠誠。為了強者而死，能使死亡喪失它的痛苦層面。但於此同時，死亡也失去了一切價值。

懇求一個人，是試圖將自身的價值體系，強加於他人的心靈之上，是一種絕望的嘗試。懇求神則與此相反，那是試圖將神性的價值，引渡至自身靈魂之中的嘗試。這並非心繫自身依附的價值，而是一種內在的虛空。

自我

LE MOI

在這世上，我們一無所有，因為偶然隨時可能奪走一切——我們唯一擁有的權力，是能夠說：「我」。我們應該奉獻給神的，正是它。意思是，摧毀它。我們唯一被允許去做的自由行動，只有這一項，也就是摧毀自我。

奉獻：我們唯一能夠奉獻之物，唯有自我。所有我們稱為奉獻品之物，都只是一個標籤，貼在自我的抵償物之上。

世上沒有什麼能夠從我們身上奪走說「我」的權力。完全沒有，除非是極度的不幸。沒有什麼比極度的不幸更糟，它從外部摧毀自我，使我們就此無法自行毀滅它。被苦難由外部摧毀自我的人們會怎樣呢？他們彷彿以一種無神論或唯物論的方式，滅絕了。

儘管他們喪失了自我，這並不代表他們變得不自私。恰好相反。的確，他們偶爾也會變得不自私，變得像狗一樣忠心耿耿。但在其他時候，人因此只剩私心，赤裸、呆板。一種沒有自我的利己主義。

只要稍微啟動毀滅自我的程序，就能阻止任何苦難造成傷害。透過外在壓力摧毀自我，必定有一股極大的反抗。若我們因為愛神而不去反抗，那麼自我的毀滅就不是發生於外在，而是內在。

能贖罪的痛苦——當人類處於一種盡善盡美的狀態，當恩典幫助他徹底摧毀內在的自我，他便會降至一個層級，此處的苦難等同由外在摧毀自我，也就是十字架的圓滿。苦難亦無法摧毀他內心的自我，因為他內心的自我早已不復存在，早已完全消失、讓位給神，但苦難在盡善盡美的層面上，會造成一種等同於由外在摧毀自我的效應。它招致了神的缺席。「神啊，祢為何拋棄我？」

神的缺席，在盡善盡美的靈魂中，會透過極端的苦難引發什麼呢？和它緊密連結的這份人稱「能贖罪的痛苦」的價值又是什麼呢？

透過這份能贖罪的痛苦，惡在所有可能的方面，都擁有真實圓滿的存在。

藉由這份能贖罪的痛苦，神存在於極度的惡之中。神的不在場，是靈性的在場方式，它與惡相符——一種能夠察覺的不在場。內心沒有神的人，無法感受祂的不在場。

此即惡之深淵、惡之極限、惡之完美、惡之純粹。地獄則是假的深淵（參閱：蒂邦）。地獄只是表面。地獄是一種虛無，但卻試圖存在、並讓人以為它實質存在。

完全發自外在的自我毀滅，幾乎是地獄般的痛苦。若靈魂透過愛，與外在的毀滅相互連結，則是能夠贖罪的痛苦。在因為愛而徹底自我淨空的靈魂中，神的不在場，是能夠贖罪的痛苦。

在苦難之中，倖存的求生本能失去依附之物，於是盲目攀住所有能夠抓附之物，如植物用捲鬚攀附而上。在這樣的情況之下，正義與感激都不合宜（頂多只有一種低層級形式的感激）。奴役狀態。再無多餘的能量得以支援自由意志，支援人類保持距離的手段。就這角度而言，苦難是很可憎的，如同最赤裸的生命、如同殘肢、如同萬頭攢動的昆蟲。無形式的生命，唯一的依附只剩下生存。極端的苦難始於此處。當所有依附都被生存的依附取代，便僅剩最赤裸的依附。沒有自身以外的其他目標。地獄。

由於這機制，在苦難者的眼中，彷彿沒有什麼比生命更甜美，儘管他們的生命絲毫不比死亡更美好。

在這情況之下，接受死亡，便是完全的超然。

最極端的苦難，失根。世上的活地獄。

在人類的不公不義之中誕生的，通常並非烈士，而是活地獄的受罪者。落入活地獄的人，宛如被竊賊奪走一切並痛加傷害，失去了本性。

痛苦若未使人失根，那麼無論它多麼劇烈，都仍距離活地獄無盡遠。

當我們向這一類的失根之人伸出援手，得到的回報卻是忘恩負義、背叛、惡劣的舉動時，我們承受的只是他們苦難的極小部分。我們有責任在有限度的情況下冒這個險，因為我們有能力將自己暴露於苦難之中。發生這樣的情況時，我們必須像忍受苦難一樣忍受它，不可將之歸咎於特定人士，因為這是無法歸咎的。活地獄的苦難中，有一部分是無關個人的，像在至善至美的狀況中一樣。

關於那些自我已死之人，我們什麼都不能做，完全不能。但我們並不知曉，某個特定人士的自我，究竟是徹底死透，抑或只是失去知覺。若並未徹底死去，愛能像針戳一樣，使其恢復知覺，但切萬不可留下任何垂憐施恩的痕跡，因為一絲輕蔑即可加速死亡。

當自我被外界傷害時，它首先的反應，是最極端、最痛苦的反抗，像一頭掙扎的動物。然而，一旦自我處於瀕死狀態，它便渴求終結，任憑自己昏厥。若此刻有一份愛將之喚醒，它會感受到極度的痛苦，並因而憤怒，甚至痛恨引發這份痛苦的人。在沉淪的人們身上，這類反應乍看之下令人無法理解——他們竟想對恩人復仇。

有時，則是施恩者的愛並不純粹。若是如此，被這份愛喚醒的自我，很快便會因為被輕蔑而再度受傷，因而滋生最苦澀的恨意，這份恨意是合情合理的。

反之，自我已全然死透之人，絲毫不會因為他人付出的愛而為難不安。他任人擺佈，像貓狗接受主人給予的食物、溫暖與呵護，他如貓狗一樣貪婪，希望主人給予更多。這些人當中，有些會像狗一樣服從；有些則像貓一樣漠然以待、任憑擺佈。無論是誰照料他，他都毫無顧慮地吸盡其能量。

不幸的是，所有慈善行為的服務對象，可能大部分都是毫無顧忌之人、自我已死之人。

苦難者若性格較弱，其自我將更快死亡。更確切地說，苦難有其限度，銷毀自我的苦難會依性格特質的不同，有或近或遠的距離。距離越遠者，一般認為其性格就越強。

與這極限之間的距離，或近或遠，或許取決於天生條件，像數學天賦一樣。某些人毫無信念，卻驕傲自己在艱困處境之下仍能保持「良好的精神狀態」，這些人和那些因擁有數學天賦而驕傲自滿的青少年相差無幾。信神者可能面臨的幻覺更加危險，他們有可能將純屬先天稟賦因素的效應，誤認為是恩典。

極度不幸所導致的焦慮恐慌，是自我**外在**的毀滅。阿爾諾夫（Arnolphe）[39]、費德爾（Phèdre）[40]、萊卡翁（Lycaon）[41]。當死亡殘暴地來襲，就要在生命尚未毀滅之前從外部摧毀自我，此時跪倒在地、低下求饒，乃是理所當然。

「一頭秀髮的尼俄柏想吃飯。」[42]這句話美得像是喬托壁畫的空間表現手法。

---

39 譯註：莫里哀一六六二年的劇作《太太學堂》（*L'Ecole des femmes*）之男主角，試圖將一名小女孩培養成百依百順的妻子，小女孩長大後卻愛上別人，並開始追求自己的人生。

40 譯註：費德爾（Phèdre），希臘神話人物，拉辛同名劇作之悲劇主角。在拉辛的版本中，雅典王后費德爾在丈夫遠征未歸時，向王子伊波利特（Hippolyte）示愛，被丈夫得知後羞愧自殺。

41 譯註：萊卡翁（Lycaon），希臘神話人物，藐視諸神，宰殺自己的兒子以人肉款待宙斯，被宙斯變成一頭狼。

42 譯註：引自《伊里亞德》，大意是尼俄柏（Niobé）儘管傷心欲絕，仍然無法抵抗飢餓感。希臘神話中，尼俄柏因為驕傲自己擁有許多子女而侮辱女神勒托，導致所有子女皆被殺害、丈夫亦自殺，尼俄柏則化作一塊淚流不止的岩石。

如此卑微，使人連絕望都一併棄絕。

自我內部的罪，即是「我」。

我就是一切。但這句話當中的「我」，卻是神，而並非「我」。

惡將兩者區隔開來，阻礙神與一切等同。

我之所以是我，是由於我的苦難。某方面來說，神之所以是我（意思是，作為一個人），是因為宇宙的苦難。

法利賽人（Pharisiens）[43]為了成為有道德之人，仰賴的是他們自己的力量。

謙卑者必須知道，名為「我」之物當中，毫無能量可以使人提升高度。

自我當中，所有珍貴之處皆來自於我之外，毫無例外。這珍貴之處並非賞賜，而是暫借之物，需要時時更新。自我當中，所有一切都毫無價值，沒有例

43　譯註：法利賽人（Pharisiens）是第二聖殿時期（536-70B.C.）猶太教的四大派別之一。西蒙・韋伊對法利賽人的觀點，應可參考《路加福音》（*Évangile selon Luc*）第十八章，耶穌以驕傲自滿的法利賽人對照惡名昭彰卻謙卑悔過的一名稅吏，說「凡自高的，必降為卑；自卑的，必升為高」。

外。自我當中，來自於我之外的恩賜，若我占為己有，便立即失去價值。

完美的喜樂當中沒有喜樂感，因為靈魂若被對象物充滿，便毫無角落能挪出空位給「我」。

這樣的喜樂不在時，我們無法想像它，因此沒有動力去尋求它。

解除創造

DÉCRÉATION

解除創造，是使受造之物進入非受造的狀態[44]。

毀滅，是使受造之物成為虛無。毀滅是解除創造的代用品，它有罪。

創造，是愛的行動。它是永恆而無休止的。每一時、每一刻，我們的存在，都是神對我們的愛。但神只能愛自己。神對我們的愛，是透過我們去愛祂自己。因此，使我們得以存在的神，祂愛的是我們對於不存在的同意。

我們的存在，僅是奠基於祂的等待、奠基於我們對於不存在的同意。

恆久地，祂向我們乞求這份存在，而這存在是祂賜予我們的。祂將這份存在賜予我們，是為了向我們乞求它。

無法改變的必然性、苦難、憂傷、日常需求的重擔、讓人喘不過氣的勞動、殘忍、酷刑、暴力的死亡、拘束、恐怖、疾病——這一切，都是神的愛。因為

---

44 譯註：本章標題〈Décréation〉的直譯是「去除創造」或「解除創造」，一般常指「毀滅」，亦有「自毀傾向」之意，但西蒙·韋伊在此將這個詞與「毀滅」（destruction）區隔開來，因此譯者選擇較貼近抽象概念的「解除創造」。本句之「非受造的狀態」原文為「l'incréé」，就創世的觀點而言，指的是「始終存在，而非由神所創造之物」，亦可作為「神」的同義詞，因此本句亦可理解為「使受造之物進入神之中」。

愛，神自我們這兒離去，好讓我們能夠愛祂。若我們直接暴曬於祂的愛之下，若我們和祂的愛之間，沒有空間、時間與物質保護我們，那麼我們便會蒸發，像水在太陽底下蒸發。如此一來，我們內部便會沒有足夠的「我」，於是無法透過愛來放棄「我」。我們與神之間的屏障是不可或缺的，有了屏障，我們方能存在。我們的任務是戳破屏障，好讓自己停止存在。

有一種力量是「遠離神（déifuge）」的力量。若非如此，一切都將是神。

人被賜予一種想像的神性，好讓他能夠捨棄這想像的神性，一如基督捨棄祂的真實神性。

捨棄。模擬神在創世之際的棄絕。神放棄成為一切——就某種意義而言。我們應當放棄成為某種事物。對我們而言，這是唯一的善。

我們都是無底之桶，除非我們領悟自己其實有底。

提升高度與降低高度。一名女子看著鏡子的自己、裝扮自己，她的自我原是無盡之物，能觀看所有事物，卻被她侷限在一個小小的空間，而她卻不以此為恥。同樣地，每次當我們提升自我（社會層面、心理層面等等），升得如此之高，便是無盡的沉淪，因為我們將自己侷限為僅止於此。自我向下降時，我們知道自己並非如此（除非能量試圖將之提升為欲望）。

一名非常美麗的女子，凝望自己在鏡中的形影時，極可能相信這就是她。一名醜陋的女子，則知道這不是她。

天生的感官所感受的一切，都只是假定。唯有超自然的愛是確定的。因此，我們便是共同的創造者。

我們對自己實施解除創造，藉以參與世界的創造。

我們唯一擁有之物，是我們棄絕之物。至於我們未曾放棄之物，都終將逃離我們。就這方面來說，若非藉由神，我們什麼都無法擁有。

天主教的聖餐。神不僅一次化作肉身，而是日日化為物質獻給人類，供人食用。與其相應的，是人因為疲憊、苦難、死亡而化為物質，供神取用。如何拒絕這樣的相互作用呢？

祂淨空了自己的神性。我們亦應淨空我們內在與生俱來的虛假神性。

一旦理解我們僅是無物，所有努力的目標都將化為無物。我們正是為了這樣的目的而接受痛苦、**為了這個目的而行動**、為了這個目的而祈禱。

神啊，請允許我化為無物。

當我化為無物的同時，神便透過我去愛祂自己。

位於低處者，與位於高處者極為相似。由此，奴役制度再現了人對神的服從；屈辱再現了謙卑；基本的生理需求再現了恩典無法抗拒的推動力；聖人棄絕一切、活在當下，再現了罪犯與娼妓被切割分裂的時間；諸如此類。

因此，必須尋求位於最低處之事物，作為再現。

使我們心中位於低處之物下降，好讓位於高處之物得以上升。因為我們是顛倒的。我們生來如此。重建秩序，便是拆解我們內在的受造之人。

倒轉客觀與主觀。

同樣地，倒轉正與負。《奧義書》的哲學亦是如此。

我們的誕生與生活都是逆向的，因為我們生於罪，我們活在罪裡，而罪是層級的倒置。首要行動，是反轉。皈依。

如果麥子不死……它必須死去，才能釋放內在蘊藏的能量，使它得以轉化為其他形態。

同樣地，我們也應當死去，好釋放**被依附**的相關能量，因此才能擁有一股自由的、能夠切合事物真正本質的能量。

我經常感受到的、無論從事什麼行為都會感受到的巨大困難，對我是一種恩賜。我因此得以藉由一些尋常的行動來砍除樹根，不致引起注意。儘管抱持超然的觀點，在超乎尋常的行動當中，仍然包含一種無法擺脫的動力。尋常的行動毫無這類動力。在尋常的行動中，遭遇超乎尋常的困難，這是一種恩賜，應心懷感激。不可冀求這困難消失；應祈求恩典來運用它。

一般而言，無論何種苦難，都不應冀求它消失，而應冀求恩典使其變貌。

肉體的痛苦（以及貧困）對勇敢的人們而言，經常是毅力與精神力量的試煉。但它還有更好的用途。因此，願它對我不是如此。願它以感性的方式見證人類苦難。願我以一種全然被動的方式承受它。我如何能夠絕不認為苦難太痛苦，無論發生何事？因為，被痛苦啃噬、因之下沉，這都能使我領受人類之苦難，而這份領悟，是通往一切智慧的門扉。

而歡愉、快樂、繁華，若我們懂得分辨它來自外界（基於偶然或時勢等等），那它亦能見證人間疾苦。應採取該用途。恩典亦是如此，將之視為可感覺的現象……

化作無物，方能在萬物之間，找到自己真正的位置。

放棄之前，必定會經歷一種焦慮，等同於現實中失去所有珍視之人、失去所有財產的焦慮，當中亦包括喪失智識與性情方面的天賦、喪失學習成果、以及喪失對於善與安穩之信念與信仰的焦慮，諸如此類。這一切不可強行主動拋棄，而是必須喪失它——一如約伯（Job）[45]。然而，像這樣脫離其對象的能量，不可虛耗於搖擺不定，否則便會沉淪。因此，這焦慮必須比真實苦難中的焦慮更為深

45 編註：約伯（Job），《舊約》先知之一。神為了考驗約伯的信仰，使其失去子女、財產與健康。

切，不可隨著歲月瓦解，亦不可指向希望。

愛的激情演變為植物性的能量時，便會出現像是費德爾或阿爾諾夫這類的案例。「我在心中感受到，我必須死去……」

相較於食糧，伊波利特更是費德爾維持生命所需的必需品，這並非譬喻。

為了讓神的愛滲透至這麼低的地方，就必須讓本性承受暴力的最後一擊。約伯、十字架……

費德爾或阿爾諾夫的愛，並不純粹。能降至最低處的純粹之愛是……化作無物，直至化作植物的程度；如此一來，神便成為食糧[46]。

若我們在某個特定時刻（無關過去、亦無關未來的當下）打量自己，此刻的我們是純潔無辜的。在這一刻，我們僅能是自己，因為任何進步都需要一段時間。此刻，我們如是存在，這是世間的法則。

隔絕這樣一個片刻，意味著寬恕。這樣的隔絕，即是超然。

46　譯註：這裡的「植物」與「食糧」，應可參考前文「有了葉綠素，才能用陽光餵養自己」。

人的一生，只有兩次完美的裸裎與純粹：誕生的一刻，以及死亡的一刻。若要以人類之身去愛神而不玷污其聖潔，只能身為新生兒，或是臨終者。

死去。須臾瞬息，既無過去、亦無未來。通往永恆的必經之境。

若我們因為想到神的存在而得到圓滿的喜樂，那麼我們也必須因為認清自己不在而得到同樣的喜樂，因為這兩種思維是相同的。這份認知，唯有透過痛苦與死亡，方能擴展至感覺層面。

因神而喜樂，這份完美而無盡的喜樂是確實存在的。若我參與其中，我絲毫無法為其增色；若我不參與其中，這份喜樂的完美與無盡亦絲毫不會稍減。既然如此，我是否應當參與其中，何關緊要？毫不重要。

渴求救贖的人們，並不真正相信神那兒的喜樂是真實的。

不朽是有害的信念，因為我們沒有權力認為靈魂是非物質的。因此，相信不朽，事實上即是相信生命能夠延長，並因此抹消了死亡的用途。

神的在場有兩種涵義：神既然是造物主，事物一旦存在，其中都有神的在場；至於，神需要受造之物共同合作的另一種在場，則並非作為造物主的在場，而是作為聖靈的在場。前者屬於創造；後者屬於解除創造。（「祂在我們不在時創造我們；祂不會在我們不在時救我們」，聖奧古斯丁如是說。）

神創世時，必須隱藏自己。否則，這世上便只有神。

神性亦應隱藏，某方面而言，必須讓意識亦無法察覺它。於這世上，它應當隱藏。

存在與擁有。人不擁有存在，人只擁有所有物。人類的存在，是在簾幕後方、在超自然的那一方。一個人對自己的認知，都是機遇造成的認知。對於自我（以及他人）而言，「我」是隱匿的；它在神的那一邊、在神之內，它即是神。傲慢，是忘記自己是神……簾幕是人的苦難，即使是基督，亦須面對簾幕。

約伯。撒旦問神：「他不求回報地愛你嗎？」關於愛的層級，愛是否與羔羊、麥田、眾多兒女處於同一等級？抑或位於較遠之處，位於後方、位於三度空間？愛儘管如此之深，卻仍有中斷之時。愛在其中死去，而嬗變於此刻發生，化有窮為無窮，將靈魂對神的愛**在靈魂之中昇華**。此為靈魂之死。那些肉身較靈魂先一步死去的人們，是多麼不幸啊！未能盈滿愛的靈魂，其死亡是不當的死亡。為何這樣的死必須發生得毫無區別？因為必須如此。萬事萬物，都必須發生得毫無區別。

表象緊貼於存在之上，唯有痛苦能夠分離二者。

凡是擁有存在者，便無法擁有外在表象。表象束縛了存在。

藉由暴力，時間的流逝剝奪了存在的表象、亦剝奪表象的存在。時間昭示它並非永恆。

應拔除自己的根。把樹砍掉，做成十字架，日日背負它。

不可成為**我**，更不可成為**我們**。

城邦，讓人有家的感覺。

應在流亡異鄉之際，抱持如同歸鄉的感受。

扎根於無域之域。

在社會層面、植物層面，拔除自己的根。

自我放逐於塵世所有家國之外。

若是對他人這樣做、使用外力這樣做，此乃虛假之解除創造。它會製造非真實。

將自己連根拔除，以尋求更多的真實。

抹消

EFFACEMENT

神將存在賜予給我，好讓我將之返還於祂。這場試煉，如同童話和啟蒙故事當中宛如陷阱的試煉。若我接受祂的贈與，那便是有害的、致命的；唯有拒絕這項贈與，品德才會顯現。神允許我存在於祂之外。我應做的，是拒絕這項應允。

謙卑，是拒絕存在於神之外。最高的美德。

自我只是一道陰影，是罪惡與過錯遮擋神之光芒而投下的影子，而我卻誤以為它真實存在。

儘管能夠像神一樣，我們還是應該維持汙泥的身分，臣服於神。

當我閉上雙眼，以筆尖探索桌面時，鉛筆之於我的存在意義——我也應該如此存在，為了基督。在神與神交付我們的、屬於創造的一部分之間，我們擁有成為中介者的可能性。神需要我們同意，方能透過我們去感知祂的創造。祂透過我們的同意來執行這樁美事。我僅需懂得如何從我自身的靈魂之中抽離，便能使眼前這張桌子擁有被神觀看的至高榮幸。我們同意抽離自身來讓神通過，這是神唯一能愛我們的途徑，一如祂身為造物主卻抽離自身，好讓我們得以存在。這項雙重行動只有一個意義，那就是愛，如同一名父親給了孩子愛，讓孩子在父親生日時送他禮物。神即是愛，而非其他事物；神創造的，只有愛。

我看見、聽見、呼吸、接觸、食用的所有事物，以及我遇見的所有人，全都因為我的存在，而被剝奪了直接接觸神的機會。神也因為我的存在，而被剝奪了直接接觸這一切的機會，只要我心中某個部分仍然自稱「我」，這情形便不會改變。

我可以為這一切、為神盡點心力；我應懂得抽離，這樣才能尊重神與這一切的獨處空間。

以嚴謹的方式，完成生而為人的單純義務，是我得以抽身的條件。這義務已漸漸磨損那將我束縛在原地、阻礙我抽離的繩索。

我無法設想神愛我的必然性，而我清楚地感受到，即使是人類，對方對我的情感只是誤解。但我能毫不費力地想像，神會喜愛這唯有從我置身之處才能見到的、關於創造的風景。但我是一道屏障。我必須抽離，才能讓神看見它。

我必須抽離，這樣一來，神便能接觸命運偶然擱置在我人生路上的人們；這樣一來，神才能愛我。我的存在很礙事，我彷彿置身於一對情侶或密友中間。我並非苦等未婚夫的少女，而是一對未婚夫妻身邊的、糾纏不休的第三人，我必須離去，好讓他們真正在一起。

願我懂得如何消失，如此一來，在神與我行走的大地之間、在神與我傾聽的海洋之間，便是完美的愛之結合……

我擁有的能量與天賦等等，何關緊要？我總有足夠的能量與天賦來讓自己消失。

「眼前，死亡璀璨清明，
被我雙眼玷汙的白日，因死亡而重拾純淨……」

願我消失，好讓我眼中所見的這些事物，因為不再是我眼中所見之物，而化作完美的美好事物。

我的願望，絲毫不是讓這受造之世界在我眼中變得不可感知，而是讓它不再因為我而可以感知。它的祕密層級太高，它因此無法向我訴說祕密。願我離去，讓造物主與造物彼此交換祕密。

觀看我不在其中的風景，觀看它的原貌……

當我置身某處，我的呼吸與心跳聲，就玷汙了天與地的寧靜。

必然與臣服

LA NÉCESSITÉ ET L'OBÉISSANCE

太陽照耀正義者與不義者……神造就**必然**。必然，是一體兩面：執行，以及承受。太陽與十字架。

服從必然，接受它，僅在運用它時採取行動。

從屬關係能節省能量。因為如此，指揮者與服從者皆無須成為英雄，便能完成英雄壯舉。

要能夠接收神的命令。

與善相關的能量，在何種情況之下，會因為抗拒誘惑而消耗殆盡？而在何種情況之下，這能量又能因抗拒誘惑而提升？

這取決於意志與注意力各自扮演的角色之重要性。

去承受這種隸屬狀態，因為愛。

服從是最高美德。去愛必然性。對一名個體而言，必然性是最低層級（受壓制、被強迫，「艱難卻必要」）；它來自普世的必然。

有些時候，一件事之所以必要，只是因為它是可行的。譬如，在飢餓時進食；在一名傷患口渴得要命時，將近在手邊的水遞給他喝。這類情況，無論是惡棍或聖賢，都不會視而不見。

以此類比，應辨別那些儘管乍看之下沒這麼顯而易見，但其可能性仍屬必要的情形。僅在這情況採取行動。

石榴的種籽。我們並非擔保自己去愛神，而是同意自身內在的、無我的擔保。

有德行的行動當中，僅做那些無法制止自己去做的、不得不做的事，但應專注向善，藉此不斷提升做這些事的次數。

只做神推動我們去做的、不可抗拒之事。不可踏出這個限度一步，**儘管是向善的一步**。行動、言談、思想，皆是如此。但必須做好準備，準備好在神的推動之下，去任何地方、直至極限（十字架……）。以最大極限做好準備，便是祈求任神推動，但不知推往何方。

若我的永恆救贖，是以某個物件的形式存在於這張桌上，僅需伸手便能取得，我仍不會伸出手，除非神這樣命令我。

保持超然，不去在意行動的成果。逃離這命運。該如何辦到？

不應**為了**某個目標而行動。應該**基於**必然性而行動。我只能這樣做。這不是行動，而是被動。不行動的行動。

某方面而言，奴隸制度是一種典型（最低處……最高處……永遠是相同法則）。物質亦然。

讓行動的動機超然於自身之外。被驅使。顯現為**外在之物**的動機，是全然純粹的動機（抑或最低劣的動機——基於相同法則）。

無論何種行動，皆不應以目標取向看待，而應由驅動力的角度來看待。不應該問：目的何在？而應該問：它從何處來？

「我赤身裸體時，你們為我穿上衣服。」這份餽贈，只是彰顯這樣行事的人們的處境。他們的處境不容許他們制止自己提供食物給飢餓者、提供衣物給裸身者；他們這樣做，絲毫不是為了基督，而是因為基督的悲憫在他們心中，所以他們無法制止自己不這樣做。與神有約的聖尼古拉斯（saint Nicolas）即是如此，他和聖卡西安（saint Cassien）穿越俄國荒原去赴約時，無法阻止自己協助一名俄國農民拉出陷進泥坑的車，因此遲到。這樣的善行，幾乎是不由自主，幾乎帶著羞恥與內疚，這才是純粹的善行。絕對純粹的善，是完全脫離意志掌控的。善即是超越。神即是善。

「我飢餓時，你們拯救了我。」「主啊，那是何時的事？」他們並不知曉。他們不能知曉。[47]

不可**為了**基督而去援助他人。應**藉由**基督去援救。應使自我消失，讓基督藉由我們身心構成的中介，去進行援助的行動。成為主人派去拯救某個苦難之人的奴隸，拯救的舉動來自主人，而主人的對象是苦難者。基督並非為了天父而受苦。基督是因為天父的意志，而為了人類受苦。

一名僕人援助他人，我們並不能說他是為了主人做這件事。這名奴隸什麼都沒做。儘管他為了苦難之人而赤腳行走於釘子之上，儘管他嚐盡苦痛，他仍舊什

47 譯註：《馬太福音》第二十五章。前述「我赤身裸體時，你們為我穿上衣服。」亦同。

麼都沒做。因為他是僕人。

「我們是無用的僕人」[48]，意思是：我們什麼都沒做。

一般而言，「為了神」這講法是不對的。神不能作為間接受詞。

不可為了神而援助他人。應在神的推動之下，往他人的方向去，如飛箭在弓的推力之下，朝著箭靶前進。

成為中介者，介於貧瘠之地與富饒之壤中間；介於問題的假設與解答之間；介於白紙與詩句之間；介於飢餓的苦難者與飽足的苦難者之間——除此之外什麼都不是。

所有事物當中，唯有那些來自外在、不求報償、毫無預兆、如同命運的贈禮而非由我們自求尋求的事物，才是純粹的喜樂。同樣地，真正的善只來自外在，而非來自我們的努力。無論如何，我們都不能自行製造比我們更好的事物。因此，真正向善的努力將徒勞無功；唯有歷經漫長而沒有結果的衝突緊張，並因此陷入絕望之後，當我們什麼都不再等候的時候，天賜的禮物才會從外在降臨，它

48 譯註：《路加福音》第十七章。

是美好的驚喜。上述的努力，能夠摧毀我們心中虛假的圓滿。於是，比圓滿更盈滿的、神聖的虛空，便進駐我們心中。

神的旨意。如何辨識它？若在內心靜默，若讓所有欲望與意見噤聲，若我們全心全意、不發一言地用愛想著：「願祢的旨意實現」，那麼接下來我們毫無疑惑感受到自己應當去做的事（儘管在某些方面是錯的），便是神的旨意。當我們向祂乞求麵包，祂不會給我們石頭。

匯聚的試煉。理智能在某行動或某態度中，尋得數種不同的一致動機，但我們可以察覺，該行動或態度本身，超越所有能夠表現的動機。

除非接受天啟，否則不可為了特定之物祈禱。神是普世的存在。神確實曾經降至特定人士之中。創世之際，祂降至俗世；道成肉身、聖餐儀式、默示，皆是如此。但這運動乃是下降，永非上升；這運動始於神，而非始於我們。除非是神授意我們這樣做，否則我們不可建立這樣的連結。我們扮演的角色，應當指向一般概念，而非特殊命題。

這或許能解答柏格（Berger）[49]提出的難題，也就是相對與絕對之間的不可連結性。上升運動勢必無法聯繫相對與絕對，但下降運動或許可以。

神操控了哪些事，我們永遠無從知曉。若將神放在高出自己無限遠的遠方，那麼無論我們做什麼，對神的服從都能拯救我們；若我們用自己的心去召喚神，那麼無論我們做什麼，對神的服從都是一種懲戒。在第一種狀況之下，我們永遠不會認為自己已做、正在做或將要做的事是善行。

運用欲念。它取決於靈魂以及時間的關係。若長久觀望一種可行之惡，同時又不去執行這惡，便會引發一種質變。若以有限的能量去抵抗它，這能量終將隨著時間而耗竭，當能量消耗殆盡時，我們便會屈服。若我們維持靜止不動並全神貫注，那便是欲念會耗盡——而我們能汲取重新上升的能量。

若以同樣方式（不動而專注）觀看可行之善，那麼能量亦會質變，而我們會因此著手行善。

能量之所以質變，是因為就善行而言，到了某一刻，我們便不能不去行善。

49 譯註：加斯頓・伯格（Gaston Berger, 1896-1960），法國哲學家。

這亦是考驗善是否為真、惡是否為真的試煉。

每個能夠完全服從的受造之人，都有一種獨特、唯一、無法取代的模式，能在世上執行神的旨意，認識祂、引介祂。

必然。將事物之間的關聯視為一種終結，也將自己視為一種終結。就連我們心中的目標也一樣。行動會自然因之而生。

服從有兩種。我們能夠臣服重力，抑或臣服於事物之間的關聯。在第一種情況下，我們所做之事，會受到填補虛空的幻想所煽動。我們能為這些事貼上任何標籤，包括善的標籤、神的標籤，以假亂真。若停止讓填補虛空的幻想運作，專注於事物之間的關聯，便會浮現一種必然性，使我們不得不服從。直至此刻，我們並無必然之概念，也沒有服從的感受。

既然如此，我們便不可能因為自己所完成之事而驕傲自滿，即使我們完成的是至善之事。

記者詢問一位見習水手如何完成偉大壯舉時，這位布列塔尼少年回答：「就該這樣做！」最純淨的英雄主義，最常出現在百姓當中。

服從是唯一純淨的動機，唯有服從，在無論哪個層級，都不會導致行動的動機當中包含任何對於報償的企求。服從，是讓隱匿自身、暗自觀察的天父來施予報償。

前提是，須臣服於必然，而非臣服於壓迫（奴隸心中的駭人虛空）。

無論我們為他人付出了什麼、為某個重大目標付出了什麼，無論我們忍受的痛苦多麼劇烈，若這是基於服從，基於對必然與事物關係的清晰概念之全然服從，那麼我們便能決心堅持，毫不費力，儘管執行的過程需要費力。我們只能這樣做，而這行為絲毫不會有回報，也不會有需要填補的虛空、或對補償的渴求，毫無怨懟、絕不沉淪。

行動是天秤的指針。不可調整指針，應調整砝碼。

關於觀點，亦是如此。

自此，若非懵懂度日，便是痛苦。

愚拙的童女[50]。意思是，當人們意識到需要做抉擇時，抉擇已成定局——無論從哪個方面來說。相較於困在善惡之間的海克力斯（Hercule）[51]之寓言，這要來得真實多了。

當人類心中的自然本質脫離肉身所有衝動、當人類的自然本質被剝奪所有超自然之光，卻仍舊行使符合超自然之光的行動，那就是純淨之圓滿。這便是受難的核心。

與神的正確關係，在靜觀當中是愛，在行動當中則是奴隸從屬。不可混淆二者。應以奴隸之姿行動，同時用愛靜觀……

---

50 譯註：語出《馬太福音》第二十五章「十個童女的比喻」：十個童女持油燈等候新郎，其中五個聰明的童女預備了足夠的油，另外五個愚拙的童女則因此被拒於門外。

51 譯註：海克力斯（Hercule），希臘神話中的半人半神英雄，因被詛咒而鑄下大錯，須完成多項偉業方能償罪。

幻覺

ILLUSIONS

我們趨向某事物，是因為相信它是善；我們依附它，則是因為它成為必然。

能夠感知之事，就其被感知的層面而言，是真實的；當它被視為財產時，則是非真實的。

表象擁有完整的真實性，但僅止於表象。表象去除表象之後，只是一種錯誤。

世間事物之幻覺，並非關於事物的存在，而是關於事物之價值。洞穴的投影是和價值有關。我們所擁有的，僅是財產的複製品之影子。善亦是如此，我們因之被俘虜、被束縛（依附）。我們接受眼前的虛假價值，而當我們以為自己採取行動時，我們實際上是靜止不動的，因為我們仍停留在相同的價值體系之中。

有些行動確實執行了，但仍屬想像。某人自殺，幸免於難，他並不比先前更超然。他的自殺屬於想像。或許自殺總屬於想像，所以是禁止之事。

確切而言，時間並不存在（除非是有限的當下）。然而，我們卻屈從於時間。這便是我們的處境。**我們屈從於不存在之物**。無論這時間是被動的受苦時間

（身體疼痛、等候、悔恨、內疚、恐懼）抑或主動支配的時間（有秩序、有條理、基於必然），在這兩種情況之下，我們屈從的對象都不存在。但我們的屈從行為是確實存在的。非真實的鎖鏈，真實地捆縛了我們。非真實的時間，使得所有事物以及我們都籠罩一層非真實性。

守財奴的寶藏對他而言，是財產的複製品之影子。雙重的非真實性。因為金錢是一種手段，它本身已非財產。當金錢脫離它作為一種手段的功能，成為獨立的存在，它便離財產的定義更遠了。

感受之所以非真實，是基於價值判斷；事物對我們而言之所以非真實，是因為它被當成有價值之物。若賦予某物件虛假的價值，亦將消弭該物件的真實感知，因為它使該物件的感知陷溺於想像之中。

因此，唯有完全的超然，方能使我們看見事物毫無矯飾的赤裸本質。因為超然，我們得以脫離關於價值的謊言迷霧。正因如此，所以約伯需要身上的毒瘡與爐灰來向他彰顯世界之美。凡是超然，必定痛苦。忍受痛苦，必定有恨、必有謊言，因此必定超然。

將頭探出天空的靈魂，將吞噬存在。

停留於內部者，則會吞噬觀點。

必然性在本質上，與幻想無關。

感知當中的真實之物、也就是能夠區分夢與感知之物，並非感官，而是感官當中蘊藏的必然性。

「為何是這些事物，而非其他？」

「因為就是如此。」

在靈性生活中，幻覺與真實是以同樣的方式區辨。

感知當中的真實之物、也就是能夠區分夢與感知之物，並非感官，而是感官當中蘊藏的**必然性**。

那些留在洞穴之中，雙眼緊閉、想像旅行的人與出發去旅行的人，是不同的。精神層面的真實與幻想，區分二者差異的亦是必然性。苦痛無法區分真實與想像，因為有些苦痛亦是想像。至於內心的情感，是最能蒙騙人心的。

如何在精神層面分辨真實與想像？

寧可選擇真實的地獄，亦不可踏入想像的天堂。

較高層級的狀態，之所以與較低層級不同，是因為高層級有數層不同面向交疊並置。

發展精神的過程當中，應以謙卑消弭幻想。認為自己比實際狀況落後，並不會導致任何妨害——光不會因此減弱，因為光源不受意見影響。許多人誤以為自己比實際狀況超前，因為意見能造成影響。

考驗真實是否為真的試煉，是難熬而艱苦的。其中有喜樂，但並非愉悅。令人愉悅的，都屬於夢。

嘗試不帶幻想去愛。愛真實的表象，不加詮釋。那麼我們所愛的，就真的是神。

經歷至善之後，會遭逢片面的善、幻覺之善，但其階級法則使我們僅在掛念至善時，才能追求另一種善。該法則就其相關之善而言，是超越的，它是至善的倒影。

論證的理性（種種關係的智性）認為善與惡皆有其限制，將善惡視為彼此摻雜的不同面相，並藉此解決偶像崇拜的問題。

辨識出善轉化為惡的臨界點，其形態、其範圍、其關連等等。

不可侷限於交叉相乘法則，需做更多嘗試。

關鍵總在與時間的關聯之中。捨去擁有時間的幻覺。化作肉身。

人必須採取行動，化作肉身。因為人在想像中脫離了肉身。想像即是我們心中的撒旦。

能治療想像之愛的解藥。在內心給予神最小的極限，僅給予我們絕對無法拒絕祂的那一部分，並期望有朝一日，越早越好，最小的極限能夠成為全部。

錯置：誤以為自己上升，是因為維持同樣的低層級習性（譬如：渴望贏過他人）時，給了它較高的對象物。

反之，將低層級的對象物與高層級的習性連結，就能提升高度。

無論何種熱情，都能造就奇聞。一名賭徒能夠徹夜不眠、不吃不喝，幾乎像聖人一樣，他的預感非常靈驗，諸如此類。

用像賭徒愛賭一樣的方式去愛神，是非常危險的。

要留意無窮遠位於何處。若其位置僅符合有窮，那麼無論如何稱呼，都沒有意義。

我自身的低層級部分應當愛神，但不可太過。若太過，則對象並非神。

低層級部分的愛，應是如飢似渴的愛。唯有最高層級，才有權利飽腹。

聖十字若望對神的畏懼。我們不正是因為自己的可鄙，而害怕想到神？畏懼自己想法不當，因而褻瀆祂？由於這份畏懼，低層級的部位就遠離了神。

肉身的危險之處，不僅因為它抗拒去愛神，也因為它竟敢以不得體的方式去愛神。

當我們企圖對抗偏見時，為何這份企圖確切顯示出我們已被偏見影響？這類意願勢必源於某種執念，它引發的努力徒勞無功、沒有出口。針對這類主題，唯一有效的，是專注，而它並不符合論戰的企圖。

佛洛伊德主義徹徹底底深受它致力對抗的偏見影響，也就是性事即鄙事。

神祕主義，與偽造仿冒的神祕主義，是截然不同的：關於以性能量作為生理基礎的愛欲機能，神祕主義將之朝向神，而偽造仿冒的神祕主義則將它朝向自然的方向，並給它一個幻想的對象貼上神的標籤。後者較荒淫更低劣，區分這兩者是困難的，但並非不可能。

神與超自然並無形體，藏匿於宇宙之間。其隱匿、其無名，藏在靈魂之中，這是好事。否則，神的名字可能招致想像（拿食物與衣物給基督的人們，並不知道祂是基督）。古代奧義的意義，即是如此。基督教義（無論舊教或新教）談論太多聖人事蹟。

道德與空想。我們的真實人生，超過四分之三由想像與虛構建構。真正觸及善或惡的時刻，少之又少。

科學若無法使我們更接近神，則毫無價值。

但是，科學若使我們以不當的方式接近神，也就是接近想像的神，那就更糟了……

先天稟賦在我身上引起的無意識作用，若我認為這是我的功勞，這樣是很糟糕的。但是，若我認為這是聖靈的功勞，那就更糟了。這想法更遠離事實。

不同的對立事物之間，兩種不同的相關現象與過渡方式：

——向某個崇高事物（包括神）全然奉獻，藉此允許自己變得低劣；

——靜觀自身與崇高對象之間無窮遠的距離，藉此將自我化作崇高之物的媒介。

如何分辨二者呢？

我想，唯一的判定標準是：若這相關現象是錯誤的，那它會使不應成為無限的對象化作無限。

在人類身上（至高的聖人與天才除外），乍看真實之事，幾乎必然為假；而真實之事，幾乎必定讓人誤以為假。

需要透過努力，才能表達真實之事。接收真實之事，亦須努力。若不努力，我們便只能傳達虛假、接收虛假。就算不是虛假，亦是膚淺的表面。

當真實之事顯得至少和虛假之事一樣真實，那便是神聖或天才的勝利。一如聖法蘭西斯（saint François）以粗俗誇大的講道方式，讓聽眾哭泣。

事物的存續期間，譬如各個文明擁有的數世紀、個人擁有的數年或數十年，都有一種達爾文式的作用：淘汰不適者。能適應一切者，即是永恆。所謂經驗的代價，僅存在於此。但謊言是甲冑，人類披上謊言，藉此讓自身的不適者在原應葬身其中的場合存活（而其自尊亦能在屈辱中存活）；謊言，彷彿不適者分泌出來閃避危險的東西（自尊心面對屈辱時，會讓內心的謊言更加茁壯）。人心當中，有一種侵吞作用；所有遭受時間威脅者，將會分泌謊言以避免死去，其死亡危機越嚴重，謊言就越龐大。因此，若不毫無保留地接受死亡，就不可能去愛真理。基督的十字架，是唯一通往知覺的門扉。

將我犯下的所有罪愆，都視作神的恩惠。這恩惠是因為我內心深處隱藏著的、本質上的不完美，在某個時刻、某個情形之下，部分顯露在我眼前。我渴望、我乞求自己的不完美能夠完全展現在我眼前、展現在人類思想的目光能力所及之處。並非為了治癒它，而是因為，儘管當它甚至無法治癒時，我仍因此得以活在真實之中。

無價值的事物，皆逃避光。俗世的我們，能夠藏身於肉身底下。死亡之時，我們便不能這樣做了。我們赤裸裸地被光照射。這時，依照個人情況的不同，便是地獄、煉獄或天堂。

面對能夠靠近善的努力，我們之所以退卻，是因為肉身的厭惡。肉身並非厭惡努力，而是厭惡面對善。因為，為了不當的理由，如果動力夠強，肉身便能接受一切，因為肉身知道那不會導致死亡。就連死亡本身，若是因為不當的理由而死，對靈魂的肉身部分而言，那並非真正的死。對靈魂的肉身部分而言，真正足以致死之事，是和神面對面。

所以我們逃避內心的虛空，因為神可能趁虛而入。

招致罪愆的，並非對於愉悅的追求、抑非對於努力的憎惡，而是對神的恐懼。我們知道自己必須死去才能和神面對面，而我們不想死。我們知道罪愆將能有效阻止我們和神面對面，相較之下，愉悅與痛苦只會導致輕微而不可或缺的衝動讓我們犯罪。它尤其能給我們藉口，也就是最不可或缺的不在場證明。不正義的戰爭需要藉口，罪愆亦是如此，它需要虛假的善，因為我們無法忍受想到自己趨向惡。我們並非因為肉身而遠離神，肉身僅是我們用以掩蓋自己的屏幕，它是神和我們之間的屏障。

或許只在某個出發點之下，情形才是如此。洞穴的象徵似乎能指明這一點。導致痛苦的，首先是行動。抵達洞口時，則是光。光不僅使人目盲，更能造成傷害。雙眼叛變，反抗光。

由此刻開始，我們是否便只能犯下致死之罪？用肉身來逃避光，這難道不是致死之罪嗎？駭人的想法。

寧願身患痲瘋病。

我需要神強行帶走我，因為，若死亡在這一刻消弭肉身的屏障、將我放在神的面前，我會逃走。

偶像崇拜

IDOLÂTRIE

偶像崇拜，源於對至善的飢渴。飢渴之人，並不擁有超自然的專注力，也沒有耐心讓它成長茁壯。

沒有偶像的狀況下，便必須經常忍受虛空的痛苦，日日如此，或近乎每日如此。若沒有超自然的食糧，是辦不到的。

因此，在洞穴之中，偶像崇拜是攸關生死的必然。即使是最優秀的人，仍無法避免因為偶像崇拜，而使其智識與良善嚴重受限。

思想是易變的，其支配因素包括熱情、奇想、疲倦。而日常勞動必須每日持續，非常繁重。因此，勞動的動機勢必脫離思想，也就是脫離關係——尋求偶像。

人皆願意為其所愛者死。他們的不同之處，僅在於所愛之物的層級，以及其愛之集中或分散程度。沒有人愛自己。

人希望能自私，卻辦不到。這是其苦難最動人的特質，也是其崇高之處的源頭。

人總將自己奉獻給某種**法則**。然而，除非有超自然的啟迪，否則該法則的核心若非他自己，便是某特定對象（亦可為抽象概念），使他將自己轉移至其中（拿破崙之於其士兵；科學；黨。諸如此類）。透視法的原則。

我們無須學習謙卑。我們心中已有謙卑。不過，在虛假的神面前，我們卑躬屈膝、羞辱了自己。

愛

AMOUR

愛，代表我們的苦難。神只能愛祂自己。我們只能愛其他事物。

並非因為神愛我們，所以我們就必須愛神。反之，因為神愛我們，所以我們應該愛自己。若非基於這個動機，如何能愛自己呢？

除非藉由這樣迂迴的拐彎，否則人不可能自愛。

若我的雙眼被矇起、雙手被綁上一支棍棒，這棍棒分隔了我與事物，但我亦是透過這支棍棒去探索事物。我只能感覺棍棒、只能感知牆。受造之人對於愛的權限，亦是如此。超自然之愛僅觸及受造之人，僅指向神。神只愛受造之人（除此之外，我們還有什麼能愛？），但是，是作為中介的受造之人。因此，祂愛所有受造之人，沒有分別，包括自己。愛一個外人如同愛自己，前提是對等交換：要愛自己像愛一個外人。

當喜樂與痛苦都引發**相等的**感激之情，對神的愛便是純粹的。

對幸福之人而言，愛，是希望分擔所愛之人的不幸與痛苦。

對不幸之人而言，愛，是僅只因為知道所愛之人快樂，便感到滿足。儘管自己並不參與這份快樂，也不渴求參與其中。

柏拉圖認為，肉體的愛是真愛沉淪的形象。禁欲的（忠誠伴侶）人類之愛，則是較不沉淪的真愛形象。昇華作用的概念，是當代的蠢話。

《費德爾》當中的愛。既不強取，亦不受迫。唯一的純粹。一旦接觸劍，遭受的便是同樣的玷汙，無論接觸的是劍柄或刀刃。對於有愛之人，冰冷的武器不會奪去他的愛，但會讓他覺得被神遺棄。超自然之愛與武力無關，亦無法保護人們不受軍隊與武器襲擊。能抵擋冰冷武器者，唯有俗世牽掛，若它蘊含足夠能量。盔甲與劍，均由金屬打造。對於僅以純粹之愛去愛的人而言，殺戮會使靈魂凍結，無論他是持劍者或犧牲者，即使劍傷並未致命，一切依舊十分殘暴。若渴望一份能夠保護人們不受傷的愛，就不應愛神，應去愛其他事物。

愛總試圖走得更遠。但愛是有極限的。超過極限之後，愛便轉為恨。為了避免這轉化，愛必須成為其他事物。

在所有人類之中，僅有所愛之人，才能讓我們全然感受其存在。

相信其他人類亦如此存在，便是**愛**。

心靈並未被迫相信「無」的存在（主觀主義、絕對的理想主義、唯我論、懷疑論……《奧義書》、道家思想與柏拉圖皆使用這哲學態度作為淨化）。因為如此，接觸存在的唯一手段，是接受，是愛。因為如此，現實與美是一致相同的。因為如此，現實的感受與喜樂是一致相同的。

有一種需求，是需要創造所愛，需要模仿神。但這是傾慕虛假的神性。除非借助在天空彼端看見的榜樣……

受造之人的純粹之愛，並非對神之愛，而是經由神、如同經過火之冶煉的愛。這愛完全超然於受造之人，它上升至神之處，而它下降時，已結合造物主之愛。

人的愛，總在兩種對立之間拉扯：愛某人原本的模樣，卻又試圖重新創造某人。這兩種對立，在此合而為一。

對於受造之人的幻想之愛。我們被一條繩子捆縛，綁在所有束縛我們之物之上，而繩子總是可以切斷的。我們也被一條繩子和幻想的神綑綁在一起，對這幻想之神而言，愛亦是束縛。但我們並未和真正的神綁在一起，因此沒有繩索可以切斷。神進入我們之中。唯有神能進入我們之中。所有其他事物皆停留在我們的身外，我們對這些事物的認知，僅是當它們或我們移動時，繩索傳遞的方向變化或緊繃程度。

愛需要真實。透過身體的表象去愛一名幻想之人，等到驚覺真相的那一天，還有什麼比這更殘酷？比死更殘酷，因為死亡無法消弭被愛之人曾經存在的事實。

這是一種懲罰。用幻想來孕育愛，是一種罪。

藝術作品僅因它們**存在**，便能帶給我們慰藉；在我們所愛（或渴求給予）的人們身上尋求另一種慰藉，是一種怯弱。愛與被愛，不過是彼此互相使這樣的存在更加具體、更不間斷地存在於心靈之中。但這存在必須是思想的泉源，而非思想的目標。若是渴望被理解，那不應是為了自己，而是為了對方，如此一來，才能為了對方存在。

我們心中的卑劣與平庸，都會一同反對純粹；為了自身的存續，它們需要玷汙這純粹。

玷汙，意即更動、碰觸。美，是我們不能期望去改變的事物。用權力凌駕它，即是玷汙。擁有它，即是玷汙。

用純粹的方式去愛，是同意距離的存在，是熱愛我們與愛的對象之間的距離。

幻想總與某種欲念有關，意思是，某種價值。唯有無對象的欲求，才是毫無幻想的欲求。在所有未被幻想蒙蔽的事物之中，都有神的真實存在。美攫住我們內心的欲求，賜予缺乏對象的欲求一種對象，阻止它邁向未來。

這便是禁欲之愛的代價。對於愉悅的欲求，全都位於未來，全都只在虛幻之中。反之，若只欲求某人存在，而這人確實存在，那還需要欲求更多嗎？被愛之人便是真實的，沒有多餘的遮蔽物，沒被想像的未來蒙蔽。守財奴凝視他的財寶時，總想像它更多更多。唯有死去，才能看見事物赤裸的本質。

於是，關於愛，禁欲與否，取決於欲念是否指向未來。

就這層意義來說，我們對死者抱持的愛是完全純粹的，前提是它不可導向一種虛假的永生、不可指向未來。原因是，對於已逝之人所抱持的欲求，已無法再賦予任何新事物。我們唯一的欲求是死者曾經存在過，而他確實存在過。

當心靈不再是原則時，它亦不再是目的。各種形式的集體「思想」，便因此與意義之喪失形成緊密相連的關係，並不再尊重靈魂。被認為擁有內在價值者，即是靈魂。愛一名女子的靈魂，意思是不以自身的歡愉去想她。愛若不再懂得靜觀，便只希望擁有（柏拉圖式的愛，就此消失）[52]。

尚未用自己的雙眼看清自己，就渴望被理解，這是一種錯誤。如此一來，便是在友情中尋求歡愉，不配得到的歡愉。為了友情出賣靈魂，比愛更墮落。

52 原文編按：這裡的「柏拉圖式」的愛，和我們如今講的柏拉圖式愛情毫無關聯。它並不起源於想像，而是源自靈魂。它是純粹屬於精神層面的凝視。請參照本書〈美〉一章。

應學會拒絕友情，或應當說，學會拒絕與友情有關的夢想。渴求友情，是一種嚴重的錯誤。友情應該是無報酬的喜樂，如同藝術或生命帶來的喜樂。必須拒絕它，才配得上它，因為它屬於恩典（「神啊，請遠離我……」）。它是外加之物。**所有**對於友情的夢想，都應該打破。若你從未被愛，那並非偶然……渴求逃離孤寂，是一種怯弱。友情不可追尋、不能夢想、不能渴求——友情是自行產生的（一種美德）。情感的外緣部分既不純粹又混濁，應當廢除。結束！

或是，應當說（因為不能削減太多內在），友情當中，凡是未曾透過實際交流來表現的部分，都應該轉為深思熟慮。友情具有啟發人心的益處，不應置之不理。應嚴厲禁止的是對於情感愉悅的夢想。這是一種腐敗。夢想音樂或繪畫，是同樣愚蠢之事。友情不容脫離現實，美也一樣。友情和美一樣，是一種奇蹟。奇蹟之所以是奇蹟，僅因它**存在**。二十五歲，早該斷然結束青春期……

別讓任何情感將你關進牢獄。保有你的孤寂。反之，若有朝一日，你碰上真正的友情，友情與內在的孤寂之間，將無對立。你甚至是因為這確切的徵兆而得以辨識友情的存在。其他情感則必須嚴加訓練。

相同的字句（例如，一名男子對妻子說「我愛您」）可以低俗也可以非凡，取決於它被訴說的方式。而訴說的方式，則取決於說話者是發自心中哪個深度說出它，關於這一點，意志無法左右。而經由一種美妙的協調，這些字句觸及傾聽者心中同樣的深度。於是，傾聽者若有判斷力，便能判斷這些字句的價值。

善行之所以能夠成立，正是因為它構成一種比痛苦更深沉的屈辱，它是更私密的試煉，更不容辯駁的隸屬關係。由於上述原因，感激之情便是被預設的回應，因為施善給人的目的正是如此。但這隸屬關係應是命運使然，而非由人類決定。因為如此，施善者必須在善行中完全隱匿。而感激之情絕不可成為依附，否則便是犬類對人類的感激。

感恩之情，首先屬於援助者，如果救援行動是純粹的。唯有在相互平等的狀況下，它才同樣屬於受恩者。

若要表達純粹的感激之情（友誼除外），我需要認為別人之所以對我好，並非基於憐憫、基於同情、基於心血來潮的施恩或展示特權、或是基於天性使然，而是因為他們渴求依照正義行事。因此，如此善待我的人，會希望所有和我同樣處境的人都受到同樣的善待，而所有和他同樣處境的人，都會如此善待像我這樣的人。

惡

LE MAL

創造，是將善拆成碎片，遍撒在惡之中。

惡無止盡，但是，惡並非無窮。

唯有無窮，方能遏止無盡之事。

惡極其單調，因為毫無新意，一切都是**等同之物**。什麼都不是真的，一切都是想像。

由於這樣的平板單調，所以在惡之中，數量至關重要。需要擁有許多女人（唐璜）或許多男人（賽麗曼妮〔Célimène〕[53]），諸如此類。虛假的無窮成為懲罰。此即地獄。

惡是允許一切，因此單調無比，一切都必須從自身汲取。然而，人無法創造。這樣的嘗試是模仿神，是不正當的。

人無法認清並接受自己不可能創造，因此造成許多錯誤。我們必須模仿創造的行為，而模仿有兩種可能性：保存，以及摧毀。一種是真實的，另一種則是假

53 譯註：賽麗曼妮（Célimène），莫里哀劇作《憤世者》（*Le Misanthrope*，又譯《憤世之愛》、《厭世者》、《恨世者》）中，追求者眾的年輕寡婦。

象。

在保存的舉動之中，沒有「我」的蹤跡；毀滅當中則有。毀滅之際，「我」於世上留下印記。

空想與道德。想像的惡，是浪漫的、多樣化的；真實的惡，則是陰鬱、單調、宛如沙漠、乏味無聊。想像的善是很無聊的；真實的善則永遠嶄新，既美好又讓人心醉神馳。因此，「天馬行空的想像」若非乏味、便是不道德（抑或兩者皆是）。唯一能讓它逃離這個二選一困境的管道，就某方面來說，是致力讓藝術站在真實這邊——能辦到這點的，唯有天才。

較低的美德，是善沉淪之後的形象，因此必須加以修正。在這方面，它比惡更難校正。法利賽人和稅吏。

善若是惡的對立，便成為惡的等值物，如同所有對立在某方面的意義。

惡所進犯的，並不是善，因為善是不容進犯的；能夠進犯的善，是早已沉淪的善。

直接與惡對立的善，絕非高層級之善。通常，它只比惡高出一點點！譬如：竊盜與資產階級對於財產的尊重；出軌與「守貞的女子」；儲蓄與揮霍；謊言與「誠心誠意」。

善的本質與惡不同。惡是片面的、複雜的，而善則是一個整體；惡是表象，善則是深奧莫測；惡建立於行動之上，善則建立於非行動或不行動的行動之上，諸如此類。與惡同層級、作為惡的對比而與之對立的善，是刑法的善。這是善的較低層級，比它高上一級的善，就某方面而言，比它更近似惡。因為如此，便使得許多愚民政策與枯燥乏味的悖論成為可能。

若以定義惡的方式去定義善，這樣的善應被否認。然而，惡否認這一點。不過，惡否認它的方式並不成功。

造惡的人，心中能否結合種種原本並不相容的邪惡？我認為不然。邪惡受制於重力，因此在惡當中，既無深度、亦無超越。

唯有行善，才能體驗善。

唯有禁止自己作惡，才能體驗惡。若惡已犯下，那麼，唯有在懊悔惡行的時候，才能體驗惡。

作惡之人，無法辨識惡，因為惡會逃避光。

想著惡行但不作惡，這樣的話，惡存在嗎？我們犯下的惡行難道不像是某種單純、自然而然、無法避免的事嗎？惡難道不像幻覺嗎？當我們身受其害時，幻覺感覺不像幻覺，而像真實。惡或許同樣如此。作惡時，我們並不感覺惡是惡，而像一種必然、甚至像一種責任。

一旦作惡，惡就顯得像一種責任。多數人都能在壞事與好事中感受到責任感。同一個人會覺得他有責任將售價抬至最高、也有責任不偷竊。他們的善是和惡同層級的。黯淡無光的善。

一名受苦的無辜之人，對於罪惡的感受非常敏感。真正的罪惡是無感的。受苦的無辜者知道關於其加害人的真相，而他的加害人並不知道關於自己的真相。無辜者在其自身內部感受到的惡，也存在於加害人身上，但加害人對此無感。無辜者僅能以痛苦的形式感受惡。罪犯內心對犯罪無感。無辜者內心對無辜無感。

能夠感受地獄的人，是無辜之人。

我們心中的罪離開了我們自身，以罪的形式在外傳播蔓延，像疾病一樣傳染開來。於是，當我們發怒時，四周的人也跟著發怒。甚至由較高層級傳至較低層級——憤怒會引發恐懼。但是，若接觸一名完全純粹的人，便會發生嬗變，將罪轉化為痛苦。這就是以賽亞的功能、神之羔羊的功能。這就是擁有救贖效果的痛苦。羅馬帝國所有犯罪行為的暴力，都衝撞在基督身上，在祂內部化作了純粹的痛苦。惡人恰好相反，他們會將單純的痛苦（譬如疾病）轉化為罪。

由此，或許擁有救贖效果的痛苦必須來自社會。它必須是由人類行使的暴力與不公義。

虛假的神，將痛苦變成暴力。真正的神，則將暴力變成痛苦。

贖罪的痛苦，是作惡的反作用力所造成的衝擊。擁有救贖效果的痛苦，則是我們渴求的純粹之善所投下的影子。

惡意的舉止，是將自己內心的沉淪轉移至他人身上。之所以我們傾向這樣做，彷彿追求一種解脫。

所有犯罪都是行動者將自身之惡轉移至承受者身上。不正當的愛，一如謀殺。

數世紀以來，司法體制接觸許多作惡者，它已深深被惡影響。司法體制缺乏補償淨化作用，導致判決經常只是將惡從刑罰體制轉移至犯人身上，儘管罪犯並非無辜、儘管處分並不過度，依舊如此。司法體制無法傷害冷酷無情的罪犯，卻能重重傷害無辜之人。

惡被移轉時，並不會減弱，而是在施惡者的心中增強。增殖現象。當惡被轉移至物件上時，亦是如此。

既然如此，應將惡放置何處？

必須將自己心中的惡，由自己心中不純淨的區域，轉至自己心中純淨的區域。如此，便能將惡轉化為純粹的痛苦。我們內在的罪，只能對自己犯罪。

但這樣一來，我們很快就會玷汙自身內在的純淨素質，除非能藉由接觸一種無人能及且持久不變的純淨來更新它。

堅毅，就是不將痛苦轉為犯罪。光憑這一點，就足以將犯罪轉為痛苦。

將惡轉移至外在事物，會扭曲事物之間的關係。不容置疑的確定之物，例如數量、比例、和諧，則不受這樣的扭曲影響。無論我的狀態是有精神還是無精打采，接下來的五公里路，都有五座里程數指示牌。正因如此，當我們痛苦時，數字讓人更痛苦，因為它使我們無法轉移痛苦。透過我自身內在的調整修改，將注意力集中於因為精確而不容扭曲的事物之上，便是在我內心醞釀不變因素，使我得以通往永恆。

接受他人對我們施加的惡，將之視為我們從前作惡的行為之解藥。

真正的解藥，並非我們強加於自己身上的痛苦，而是外界使我們承受的痛苦。它甚至必須是不公正的。當我們犯下不公正的罪時，只用公正的方式受苦是不夠的。必須是不公正的痛苦。

純粹作為純粹，是絕對無懈可擊的。就這點而言，任何暴力都無法減損它的純粹。但就另一方面而言，它也極度脆弱，因為惡加諸其上的所有痛苦、惡使其觸及的所有罪愆，都在其中化作痛苦。

若有人使我痛苦，願這痛苦不致沉淪，愛那個使我痛苦之人，好讓他並未真正造成傷害。

聖人（幾乎聖潔之人）較其他人更常暴露於魔鬼面前，因為他們對自身苦難的真實認知，使得他們**幾乎**無法忍受光。

反聖靈的罪，是知曉某事為善、視其為善，卻恨這善。每當我們朝善而行時，都會面臨像這樣的抵制，因為只要接觸善，就必定導致我們認清善與惡之間的距離，並使我們開始付出艱難的努力，試圖掌握它。那很痛苦，令人恐懼。這份恐懼，或許代表我們真正觸及了善。與其相對應的罪，只在一種情況之下發生：因為絕望而導致無法忍受認清這距離，於是痛苦便轉化為恨。希望，是它的解藥。然而，更好的解藥，是對自己的處境無動於衷，僅因善之所以為善而感到快樂，儘管我們離善很遠，儘管我們懷疑自己注定離它無限遠。

只要一絲微小的善進入心中，最嚴重、最具犯罪傾向的弱點就會變得較不危險，比最輕微的背叛更不危險，變得只是內在的一抹思緒，它僅持續一瞬間，但仍是經過內心同意的。地獄參與其中。只要靈魂尚未嚐過純粹之善，它便被地獄和天堂隔絕在外。

唯有在渴求救贖的情況下，才可能做出極惡的抉擇。若不渴求擁有神的喜樂，僅只滿足於知曉神的喜樂確實存在，那麼這樣的人即使陷落，亦不會背叛。

若能透過惡去愛神，那麼我們愛的對象，便真的是神。

透過惡的本來面目去愛神。透過我們深恨的惡去愛神。一面痛恨這惡，一面愛著神。將神視為我們痛恨之惡的始作俑者，並同時愛祂。

惡之於愛，一如奧義之於智性。奧義強制信仰發展出超自然的美德，惡亦是如此，惡強制慈善發展出超自然的美德。若為了慈善而試圖找到惡的補償、將惡合理化，其後果是非常有害的，一如試圖用人類智識去一一解釋奧義的內容。

伊凡在《卡拉馬助夫兄弟們》（*Karawazov*）一書中說道：「即使建造這幢大屋能帶來最美好的貢獻，而需要付出的代價僅是區區一個孩子的區區一滴眼淚，我仍會拒絕。」

我完全同意他的想法。無論基於什麼理由，無論用什麼理由來彌補一個孩子的一滴眼淚，我都不可能接受這滴眼淚。智識絕對無法想像任何理由。唯一能夠成立的理由，只有超自然之愛才能理解——基於神的期望。若是這個理由，我便能接受一個孩子的一滴淚，也能接受只有惡的世界。

臨終是最後的黑夜，連完美之人都需要這樣的時刻，才能達到絕對的純粹。為了達到這一點，臨終時刻應當苦澀。

善的非真實性，導致善的消亡，於是建構了惡。惡是毀滅可感知的事物，而其中必有真實的善。作惡之人，並未看見這些事物中的真實之善。就這層意義而言，確實沒有惡意是刻意的。在強弱關係作用之下，不在場之物因此有權毀滅在場之物。

人類能夠行使之惡、能夠承受之惡，其幅員之廣，讓人看了不禁顫慄。

基督因為這惡而受難，我們該如何相信這惡能彌補？

善與惡。真實。善賦予人事物更多真實；惡則剝奪人事物之真實。

羅馬帝國在古希臘各個城市所作的惡，是奪走城內的雕像，因為希臘人失去了這些雕像之後，他們的城市、神殿、生活都少了許多真實性，而這些雕像在羅馬絲毫無法擁有像在希臘時那樣的真實性。

這些希臘人卑躬屈膝、苦苦哀求，希望能保留幾尊雕像。試圖將自己的價值觀傳達至他人心中，這項嘗試毫無希望。毫無低劣之處，但幾乎注定無效。應先理解對方的價值體系，將之放上天秤，和自己的價值體系一同秤重。需鑄造天秤。

將想像耗費在惡之上，是一種軟弱，透過非現實來期望獲取愉悅、增長見聞、壯大自己。

想像某些事的可能性（這和具體構思某事是否可能截然不同，具體的構思對美德至關重要），已是一種參與。好奇心是主要原因。禁止自己去想（並非禁止構思，而是禁止空想）某些事；不可去想。人們以為空想並非參與，但空想已自行參與，而允許空想，便是允許一切。不去想某事，是最高的稟賦。純粹，是消極的美德。空想壞事的同時，若遇見某些人藉由他們說的話或他們的行為，使空想成為客觀具體之事，使社會的柵欄消失殆盡，那麼我們就幾乎已經敗北。還有什麼比這更容易嗎？斷裂不著痕跡，看見裂痕時，我們已經越過界線。對善而言，一切正好相反，兩種極端相互拉扯、撕裂的時候，應在跨越裂痕之前看見它。人不可能「落入」善之中。低劣一詞，已充分傳達惡的特質。

惡即使已被行使，它依舊保留非現實的特性。罪犯的單一，或許正因為如此：在夢中，一切都很單純。這份單純性，和至高美德的單純性是相對應的。

惡需要淨化，否則生命便不可能。唯有神能夠辨到這一點。這是《薄伽梵歌》（Gîta）[54]的想法，也是摩西、穆罕默德、希特勒追隨者的想法……

然而，耶和華、阿拉、希特勒都是俗世之神。這些神所行使的淨化，是想像的。

在本質上與惡不同的美德，是確切清晰地感知惡的可能性、並以看待善的方式看待惡的時候，隨之出現的美德。幻覺雖被放棄，卻又出現在思緒中，或許這正是考驗真實是否為真的試煉。

54 譯註：印度教的重要教典，詩史的一部分，也被視為奧義書之一。

我們無法因為傷害他人而心生反感，除非該人已無法危害我們（我們只好像愛往昔的自己一樣去愛他人）。

觀看人類的苦難，能將我們連根拔起、使我們靠近神。但這被觀看的受苦之人，僅能是我們像愛自己一樣深愛的人。觀看自己的苦難、或是觀看不愛之人的苦難，都無法使我們靠近神。

極度的不幸攫住人類，它並不創造人之苦難，而僅是讓苦難顯露出來。

力量的幻景與罪。由於人無法全然認清並接受人之苦難，人們便誤以為不同人類之間是有差別的，並因此做出不正義之事，有時是在我們與他者之間做出區別，有時則是在他人之中偏袒某些人。

這一切的原因，是我們不知道人類的苦難是大量的、持續不斷的、無法縮減的，它在每個能夠佔據的人心當中佔了如此龐然的重要性，而這重要性來自唯一的神，因此某個人和另一個人之間擁有同一性。

讓人訝異的是，不幸並不會讓人變得高尚。那是因為，當我們想到某個不幸之人時，我們想到的是他的不幸。但不幸之人心中想的，並非他的不幸。他心中填滿所有能夠使他減輕負擔之事，無論多麼微不足道，都能讓他覬覦。

世間怎能沒有惡的存在？世界必須與我們的欲求無關。若世界無關我們的欲求，並且不包含惡，那麼我們的欲求便是全然的壞事。不應如此。

神與其造物之間，存在著所有類型的距離。有些距離當中，神的愛不可能存在，譬如關於材質、植物、動物。惡的滿盈之處，即是惡自我毀滅之處——於是惡不復存在，它成為聖潔神性的鏡中倒影。我們如今所在之處，愛險些就不可能了。這是極大的特權，因為兩個不同個體之間的距離越遠，結合兩者的愛就越深。

神創造的世界，並非最好的世界，而是擁有善與惡的所有層級。我們如今所在之處，是最惡之處。若比如今之惡還要更惡，那就化作純潔了。

不幸

LE MALHEUR

人類高於神的一點，是人有痛苦。神必須降生為人，才得以緩解這道差異。

我不能因為痛苦有其用途而愛它，我應該因為痛苦**存在**而愛它。

接受悲苦之事：不可使接受之行為波及痛苦並減弱它。若真如此，那麼接受之行為便會大幅減弱其純度與強度。因為我們接受的，應該是維持悲苦樣貌的悲苦，而非轉化為其它事物的悲苦。一如伊凡．卡拉馬助夫所言：無論何物，都無法彌補一個孩子的一滴眼淚。儘管如此，應接受所有淚水，以及淚水之外的無數駭人之事。接受這些事物，並非因為這些事物有所補償，而是接受這些事物自身。接受它們，僅因它們存在。

假設世上沒有不幸，我們便會以為自己置身天堂。

地獄有兩種概念。一般的地獄（毫無慰藉的痛苦）；我的地獄（虛假的真福，誤以為自己置身天堂）。

肉身的痛苦，帶來最偉大的純淨（引自蒂邦）。由此，便是人民最崇高的莊嚴。

不逃避痛苦，亦不尋求減輕痛苦，而是努力不讓痛苦改變自我。

基督教的偉大之處，在於它不尋求治癒痛苦的超自然療法，而是尋求痛苦本身的超自然用途。

應傾盡全力迴避不幸，好讓我們終將面臨的不幸得以全然純粹、全然悲苦。

喜樂，是真實感的圓滿。

然而，若能在受苦的同時，保留這樣的真實感，那就更好了。受苦，但不陷溺於夢魘之中。讓痛苦就某方面而言維持全然外在，同時在某方面維持全然內在。為了達到這一點，它必須僅只存在於感覺之中。於是它將同時既是外在（在心靈層面之外）亦是內在（全然集中於我們身上，而不波及宇宙而變質）。

我們認為不可能之事，不幸強迫我們承認它是真的。

不幸，是有思維能力的人身不由己，被時間帶向他無法承受之事，儘管無法承受，這事卻依舊將會發生。「讓這苦難遠離我。」時光流逝的每一秒，都將世上某人帶向他不願承受之事。

不幸到了某個頂點，人沒有能力再忍受下去，而他既無法繼續、亦無法解脫。

在過去與未來的關聯之外，痛苦什麼都不是。但對人類而言，還有什麼比這關聯更真實？過去與未來的關聯，即是現實本身。

未來。我們以為未來將於明日抵達，直到我們心想：未來永遠不會來。

兩種想法能減輕不幸導致的痛苦。一是認為不幸即將立刻停止、二是認為不幸永遠不會結束。前者是不可能的，後者是必然的。但我們無法只是認為不幸**存在**。那令人無法忍受。

「這是不可能的。」真正不可能的事，是去思考未來仍將持續不幸。人天生會去思考未來的本性因此停歇，而時間感將他撕裂。「一個月後、一年後，我們會如何受苦？」

人無法忍受思考過去或未來，他降至極低之處，降至物質的層級。雷諾汽車的俄國勞工[55]。他們於是學習像物質一樣服從，或許也以謊言編造往事、幻想不遠的將來。

罪犯與娼妓的時間被切成碎片，奴隸亦然。這是不幸的特質。

時間造成暴力；唯一的暴力。他人將你綑綁，將你帶至你不想去的地方；時間把你帶到不想去的地方。若我被判死刑，但時間在行刑之前停止的話，我就不會被處刑。無論將發生何等駭人之事，我們是否都能期望時間停止、期望星辰靜止？時間的暴力撕裂靈魂，而在裂痕之間，進駐了永恆。

所有問題，都能歸咎於時間。

極度的痛苦，是方向不明的時間——不知通往地獄、抑或天堂。無止無休，或亙古永恆。

55　譯註：一九一七年，俄國十月革命爆發後，白軍陣營約有二十五萬人流亡至大巴黎地區，當中許多人進入雷諾汽車工廠工作。

兩相對立的，並非喜樂與痛苦，而是不同種類的喜樂與痛苦。地獄的喜樂與地獄的痛苦；能夠療癒的喜樂與能夠療癒的痛苦；天堂的喜樂與天堂的痛苦。

我們天生傾向逃避痛苦、追求歡愉。因為如此，而且僅因如此，歡愉便成為善的形象，而痛苦成為惡的形象。天堂與地獄的圖像由此而來。然而，事實上，歡愉與痛苦，是不可分割的一體兩面。

痛苦、教導、轉化。並非讓入門者學習某些事，而是讓他們自身內部產生轉化，蛻變為有能力接受教誨之人。

希臘文的Pathos一詞，同時代表**痛苦**（尤其是痛苦直到死去）以及**變化**（尤其是轉化為不死之人）。

痛苦與歡愉，是知識的源頭。蛇將知識賜予亞當與夏娃。海妖將知識賜予奧德賽。這些故事告訴我們，在歡愉中尋求知識者，終將迷途。為什麼呢？歡愉可以是純真無罪的，前提是我們不可在其中尋找知識。唯有在痛苦之中，尋求知識才是被允許的。

人類心中的無窮，碰上武器，便只能任這一小塊金屬擺佈；這就是人類的處境，原因出在時間和空間。武器不可能擺佈，除非將人類心中的無窮猛然縮減為一個尖刺、一把尖刀，並付出劇烈的痛苦作為代價。這一刻，整個人都被觸及，再無位置能保留給神，就連基督，此刻對神的想法都僅剩剝奪感。必須來到這番境地，才能化作肉身。整個人當中，屬於神的一切都被剝奪了；該如何超越？此後，僅剩復活。需要裸裎承受鐵之冰冷，才能走到這一步。

承受武器攻擊時，必須像基督一樣，感受自己與神分離。若非如此，那便是別的神。殉道者若未感受自己與神分離，那便是別的神，或許不該為了這個神而殉道。殉道者在被刑求或殺害時，若因信奉神而感到喜樂，那麼他們的神，其實比較接近帝國正式信奉並由殲滅者強制信仰的那個神。

說世界毫無價值、說這生命毫無價值，並且以惡作為佐證，這樣是很荒謬的。因為，若毫無價值，那麼惡又能剝奪什麼呢？

在不幸中所受的苦、以及對他人的悲憫，因此更純粹、更強烈，因此使我們更能理解喜樂的圓滿。毫無喜樂者，痛苦又能剝奪甚麼呢？

儘管理解喜樂的圓滿，痛苦之於喜樂，依舊如同飢餓之於食糧。

應透過喜樂去認識真實，才能在痛苦中尋得真實。若非如此，人生只是一場不太美好的夢。

痛苦是虛無、是虛空，必須能夠在這痛苦之中，找到更加圓滿的真實。

同樣地，必須熱愛生命，才能用更多的愛去愛死亡。

暴力

LA VIOLENCE

死亡，是人類被賜予的事物之中，最珍貴的一項。正因如此，用錯誤的方式使用死亡，是最卑劣的褻瀆。不當的死法。不當的殺法。（但是，如何能夠同時逃開自殺與謀殺呢？）排在死亡後面的，是愛。愛的問題也很相似：不應有不當的愉悅、也不應有不當的剝奪。戰爭與愛欲，是人類幻覺與謊言的兩大源頭。這兩者結合起來，便是最猥褻的不純。

竭盡所能，試圖在世上用**有效的**非暴力，來取代暴力。

唯有在有效的時候，非暴力才是理想的。於是，青年問甘地（Gandhi）關於其姊妹的問題，答案應該是：你應使用力量，除非你能夠在不使用暴力的情況下成功保護她。除非你散發的光輝，擁有和你的肌肉相等的能量（意思是物質層面的有效可能性）。

努力成為這樣的人，方能採取非暴力。

但這亦取決於對手。

戰爭的起因，是每個人、每個群體都認為自己理應主宰宇宙、掌控一切。但這份所有權是一種誤會，他們並不知道，每個人都必須身體力行，才能取得這樣的所有權。俗世的人們明明都知道這一點。

亞歷山大大帝之於一名坐擁田產的農民，其扮演的角色，一如情聖唐璜之於一名幸福的丈夫。

戰爭。維持內心對生命的熱愛不受動搖；絕不致他人於死地，除非自己接受死亡。

若某人的性命和我們自己的性命緊密相連，緊密到兩人的死必須同時發生，那我們還希望他死嗎？若身體與靈魂整體皆渴求生命，卻還是能誠實回答「是的」，那麼唯有這樣的人，才有權殺戮。

十字架

LA CROIX

持劍者，將死於劍下。不持劍者（或放下劍者），將死於十字架上。

基督治癒殘疾之人、使死者復活，這些是他的使命當中屬於人性與謙卑的部分，幾乎是低層級的部分。至於超自然的部分，則是流出血汗、對人類慰藉的渴求未被滿足、對於寬恕的祈求、被神遺棄的感受。

在被釘上十字架的關鍵時刻被遺棄，對兩邊而言，是何等的愛之深淵！

「神啊，神啊，祢為何遺棄我？」

基督教義的神聖，這正是最佳證明。

裸裎、死去，如此才能公正。毫無想像。因此，正義的典範必須裸裎、死去。只有十字架不可能是想像的擬仿。

需有一名公正的人類做為榜樣，好讓模仿神的行為不僅只是言詞，但為了讓我們超越意志，便不能讓我們希望模仿這榜樣。我們不能希望自己被盯上十字架。

我們可以渴求不同程度的苦行主義或壯烈事蹟，但不能是十字架，那是刑罰的痛苦。

僅將耶穌受難視為犧牲的人們，抹消了其中的救贖之奧義與救世之苦。渴求殉教是不夠的，十字架遠遠超過殉教。

最純粹辛酸的痛苦，刑罰的痛苦，是其真實性的保證。

十字架。罪愆之樹是真正的樹，生命之樹則是梁柱。它不結果實，只行垂直運動。「舉起人子，被帶向他。」我們可以消滅自身內在的生命能量，只保留垂直運動。若只想向上提升高度，樹葉與果實都會浪費能量。

夏娃與亞當試圖在生命能量中尋找神性。一棵樹，一顆果實。但是，神性卻是顯現在吊掛一具遺體的幾何直角枯木之上。我們和神的親緣關係之祕密，只能在我們必死的事實中尋找。

神穿越無窮盡延伸的時間與空間，耗竭自己，藉此觸及人的靈魂、吸引其靈魂。若靈魂任憑採摘，儘管只是短短一瞬間，藉由這全然而純粹的同意，神便擄獲了這靈魂。當這靈魂全然屬於神，祂便遺棄它，讓它陷入完完全全的孤單。於是，便輪到靈魂反覆摸索，穿越無窮盡延伸的時間與空間，去尋找它的所愛。於是靈魂以相反的方向走過這趟旅程，這是神前來找它時穿越的旅程。這便是十字架。

神之所以受難，是因為那些屈服於必然、空間與時間的有限之人會思考。

要知道，作為擁有思維的有限之人，「我」即是受難的神。

近似神，但卻是受難的神。

近似全能之神，卻受控於必然。

普羅米修斯（Prométhée），太愛人類而受難的希臘神祇。伊波利特（Hippolyte），因為太過純粹、太愛神而被懲罰的人類[56]。招致懲處的，是人性與神性的靠近。

我們離神很遠，位於最遠之處，遠到幾乎絕對無法趨近祂。神在我們的存在

56 譯註：希臘神話中，普羅米修斯偷盜火種，將之賜與人類，因此受到宙斯懲罰；伊波利特則因仰慕月亮女神阿緹密絲，而導致愛情女神阿芙蘿黛蒂心生嫉妒並報復他。

之中，被撕裂了。我們便是神的受難記，祂因為愛我們而受難。善如何能夠深愛惡而不痛苦呢？惡深愛善的同時，也同樣痛苦。神與人之間，相互的愛，便是痛苦。

為了讓我們感受到我們與神之間的距離，神必須化作一名受難的奴隸。因為我們唯有向下看，才能感受那距離。透過想像將自己放在造物主的位置，比置身於基督受難的位置容易多了。

基督的慈愛有多麼寬闊，神與受造之人之間的距離就有多遙遠。

中介的功能本身，便會導致五馬分屍……

因為如此，當我們設想神降至人世、或是人向上升天，都必定導致分裂。

我們於是必須穿越無窮盡延伸的時間與空間。神已然這樣做，因為是祂先來到我們這裡。在神與人的種種關係中，愛是最偉大的。愛既深又廣，如同我們必須跨越的距離。

為了讓這愛盡可能偉大，這距離也應盡可能遙遠。因為如此，惡能夠直達最遙遠的極限，超越邊界，來到連善都會消失的疆土。惡擁有能夠觸及這極限的許可。惡似乎有時會超過極限。

就某方面來說，這恰好與萊布尼茲的思想背道而馳。這論點勢必更加符合神的崇高，因為祂既然在眾多可能之中，創造了最美好的世界，就代表祂能做之事不多。

神穿越無窮盡延伸的世界，來到我們這裡。

受難記，是完美正義毫不摻雜假象的存在。正義的本質是無作用的。它必須超越，或蒙受苦難。

這樣的正義，是純粹的超自然，徹底剝除所有感覺方面的護佑，連神的愛都一併剝除，因這愛涉及感覺。

有贖罪效果的痛苦，使痛苦裸露其本質，它敞開自身純粹本質的大門，直至顯露它的存在。如此一來，便拯救了存在。

聖餐儀式中，神透過對於一塊麵包的感知而存在，在極度的惡之中，神亦透過有贖罪效果的疼痛而存在、透過十字架而存在。

屬於神的人類苦難。並非作為彌補或慰藉，而是做為相關現象。

有些人認為，凡是主動接近神的，都是有益的。對我而言，則是所有遠離神之物有此功效。在我和祂之間，還得加上無窮盡延伸的宇宙與十字架。

疼痛之於清白，既是全然外在之事，亦是全然不可或缺之事。

雪地上的血跡。清白與惡。但願惡本身便是純淨的。惡僅在化作一種形式時純淨，也就是化為無辜之人的痛苦時。受苦的無辜者，以救贖之光照耀惡。那便是神無辜的可見形象。因為如此，神若愛人、人若愛神，都必須受苦。

幸福的無辜。極其珍貴之事。但這幸福是暫時的、脆弱的，它是一種偶然的幸福。蘋果樹的花。幸福與清白無關。

身為無辜者，便是承擔整個宇宙的重量，是拋下抵銷的力量。

淨空自我時，便會暴露在周圍宇宙的全部壓力之中。

神將自己賦予人類時，是強而有力的，否則便是完美的——由人類自行抉擇。

天秤與槓桿

BALANCE ET LEVIER

十字架像天秤，也像槓桿。下降，是上升的條件。天空降至大地之後，將大地提升至天空。

槓桿。當我們想上升時，便降下它。

這和「自行降低高度者，必將上升[57]」是同樣道理。

在恩典的領域中，亦有法則與必然性。「即使地獄亦有其法則」（歌德）[58]。天堂亦然。

嚴謹的必然性，嚴守物質現象的規則，排除一切隨意、一切偶然。心靈層面如果可能的話，亦應減少隨意與偶然，儘管它是自由的。

一，最小的數字。「一，是唯一的智者。」它便是無窮。數字增加時，這數字誤以為自己因此更接近無窮，事實上卻是遠離無窮。必須下降，才能上升。

如果1是神，那麼∞便是魔鬼。

人類的苦難中，藏有神聖智慧的祕密。愉悅當中沒有。所有試圖尋求愉悅的

57 譯註：《路加福音》第十四章。

58 譯註：《浮士德》（*Faust*）第一部。

嘗試，都是追求虛假的天堂、追求發達與陶醉感。但這番追尋什麼都無法給我們，只能讓我們體驗這是多麼徒勞。唯有靜觀我們的侷限、我們的苦難，才能使我們更上一層。

「自行降低高度者，必將上升。」

我們內在的上升運動，是徒勞無功的（甚至比徒勞無功更糟），除非它是起源於一種下降運動。

肉身即是度量衡。被釘上十字架的肉體，是公正的天秤。在時間與空間之中，肉身還原為點。

不要論斷。一如天父從不論斷，是世人透過祂來論斷自己。讓所有人來到自己這邊，讓他們自行論斷。成為天秤。

於是我們將不會被論斷，我們象徵不審判的真正審判者。

當整個宇宙的重量都壓在我們身上時，唯一可能的抗衡力量，是神自身——真正的神，因為虛假的諸神對此無能為力，儘管使用真神之名也一樣。以變數的層面而言，惡是無窮的：物質、空間、時間。唯有真正的無窮，才能戰勝上述這類無窮。因此十字架是一座天秤，十字架上那具身軀雖然柔弱而瘦削，卻是神的身軀，這身軀扛起了整個世界的重量。「給我一個支點，我便能舉起全世界。」[59]這個支點便是十字架。其他支點並不存在。支點必須處於世俗與非世俗的交叉點。十字架便是這個交叉點。

59 譯註：語出古希臘數學家阿基米德（Archimède, 287-212B.C.）。

不可能

L'IMPOSSIBLE

人類的生命是**不可能**的[60]。但是，唯有不幸能讓人感受這件事。

善之不可能：「善招致惡，惡招致善，何時才是終結之時？」

善是不可能的。但是，人總能運用其想像力，向自己隱瞞善之不可能性，面對每個特殊狀況皆是如此（對於每一起不致壓垮我們的事件，僅需遮蔽惡的部分，並添加虛構的善——有些人即使已被事件壓垮，依舊能夠這樣做），於此同時，也向自己隱瞞「必然性與善的本質差異多大」並禁止自己邂逅真正的神，因為神即是善，不是其他，而善不存在於這世上任何角落。

欲望是不可能的。欲望摧毀其對象。愛侶不能化作同一個人，納瑟西斯亦不能化作兩人。唐璜，納瑟西斯。原因在於，欲望某物是不可能的。應欲望無物。

我們的生命充滿不可能性與荒謬性。我們企求的每件事物，都和它相關的條

60 譯註：「不可能」（*impossible*）的另一層涵義是「無法承受」，本章可依此雙關涵義來領略。

件或結果相互矛盾；我們提出的每個斷言當中，都包含與它相反的斷言；我們的所有感受，都摻雜了與其相反的感受。因為我們自身即是矛盾，我們是神的造物、是神、又絕對不是神。

矛盾能證明我們並非一切。矛盾是我們的苦難，而對於這苦難的感受，是真實的感受，因為我們的苦難並不是由我們自己製造的。它是真的。所以必須珍惜它。除此之外，一切皆為想像。

不可能性通往超自然的門扉。我們能做的，只有敲門。開門的是他人。

必須觸及不可能性，才能脫離夢。夢中沒有不可能性，只有無力感。

「我們的父，天上的父。」這句話帶有某種幽默感。雖是你們的父親，卻得試著去天上找！我們是無法離開地面的。關於這點，我們和蚯蚓一模一樣。而祂又如何能在不下降的情況下，來到我們這邊呢？神與人之間的關係是如此難以理解，唯有神的降生能使這關係變得一目瞭然。降生使神與人之間的關係不再難以理解。若要思考這不可能的下降行動，降生是最具體的方式。此後，它如何能夠不是真理？

我們無法建立的連結，是超驗之事的證據。

我們是有知識、有意願、有愛的生物。一旦我們將注意力集中在知識、意願或愛的對象上面，我們便不得不承認，其中沒有一項不是**不可能**之物。只有謊言才能遮蔽這件顯而易見的事。由於意識到這樣的不可能性，我們便不得不透過所有我們欲求、知曉、想要的事物，持續不斷地渴求擁有不能擁有之物。

當某物顯得似乎不可能取得時，無論我們做何努力，都只能彰顯目前我們所在層級的、不可跨越的界限。必須衝破天花板、更上一層。在目前身處的層級努力，只會耗竭自己、導致沉淪。最適宜的方式，是接受這界限，靜觀它，品嚐其中的辛酸。

錯誤成為動機時，是能量的泉源。我以為我看見一個朋友。我奔向他。稍微接近他的時候，我發現自己奔跑的對象是另一個人，一個陌生人。我們也是以同樣的方式，混淆相對與絕對、混淆造物與神。

每個特定的動機，都是錯誤。唯有不具任何動機的能量，才是好能量——服從神，意思是服從無物，因為神超越所有我們能夠想像或設想的事物。此事是不可能的，同時又是必然的——換句話說，它是超自然的。

善行。若在行善的時候，能同時**全心**意識到善行是絕對不可能的事，那麼正在行使的善行便是善的舉動。

行善。無論我做什麼事，我都清清楚楚地知道這並非善事。因為不善者無法做善事，而「只有神是善……」

在無論何種情況下，無論我們怎麼做，我們都在作惡，而且是不能容忍的惡。

應祈求自己犯下的惡，全都只能傷害自己，只落在自己身上。這就是十字架。

純粹的善行，是將意念完全專注於至善與不可能，不受任何謊言蒙蔽，亦不受至善之吸引力與不可能性蒙蔽。

由此，其效力便完全近似藝術啟發。一首很美的詩，是在寫詩時將意念集中在無以名狀的靈感當中，同時繼續讓它維持無以名狀。

矛盾

CONTRADICTION

心靈碰上的矛盾，是真正的現實，是考驗真實是否為真的試煉。想像之中，沒有矛盾。矛盾，是必然性的考驗。

深深體驗矛盾，直至靈魂深處，矛盾便成為撕心裂肺的痛苦，也就是十字架。

將注意力集中於某事之上，使得矛盾浮出水面時，便會產生一種分離效果。若朝這方向持續堅持，便能達到超然。

足以呈現對立物的相關現象，其所呈現的，是種種矛盾事物的超驗相關現象。

確實的善，都包含矛盾的狀態，因此這善便是不可能的。若有人真正將注意力集中於這不可能性之上、並且採取行動，那麼這人便會行善。

同樣地，一切真理，都有其矛盾。

矛盾，是金字塔的頂點。

「善」一詞的意義，不同於「善惡」一詞當中的善、或用以指稱神的善。

聖人靈魂中，亦存在矛盾的美德。前述關於提升高度的隱喻，與之相符。若我走在一座山的斜坡上，我首先能看見一座湖，再走幾步之後，則能看見一座森林。湖與森林，只能擇一。如果我希望能同時看見湖與森林，就必須攀至更高處。

問題是，山不存在。這座山是由空氣構成的，無法攀爬，只能藉由外力提升。

以實驗證明本體論。我身上沒有升天的要素。我無法攀爬空氣、抵達天上。唯有將我的思想指向某個比我美好的事物，才能讓該事物提升我的高度。若我真的因為它而向上提升，那麼這事物便是真的。想像的事物再怎麼完美，也絲毫無法使我提升，連一毫米都無法。因為想像的完美是由我想像出來的，它必定與我處於同一層級，不比我更高、也不比我更低。

引導思考方向，能造就這樣的影響，而它絲毫無法與暗示相提並論。若我每天早上告訴自己：我很勇敢、我不害怕，那麼我確實可以變得勇敢，但這所謂的勇敢，只是我以自己目前的不完美狀態想像的勇敢，因此它將無法超越這樣的不完美。那只是同一層級之內的變動，而非更動層級。

矛盾即是試煉。我們無法透過暗示來獲取不符合自身層級之事物。唯有恩典能辦到這一點。一名溫柔之人藉由暗示而變得勇敢之後，變得冷酷無情，甚至經常因為某種野蠻的愉悅，而像截肢一樣捨棄自己的溫柔性情。唯有恩典能夠賜予勇氣，同時讓原本的溫柔性情完好無缺；抑或賜予溫柔，同時讓原本的勇敢性格不受影響。

人類自孩提時期至臨終之際都必須承受的巨大痛苦是：觀看與食用，是兩種截然不同的行為。永恆的真福，則是一種「觀看即是食用」的狀態。

我們在俗世看見之物只是表象，並非真實。我們吃下的食物已被毀滅，所以已經不是真實。

是罪在我們心中使這兩者分離。

美德一詞，若僅取其本義，也就是排除社會對於美德的模仿，那麼永續的自然美德，只在一種情況之下是可能的，也就是自身具有超自然恩典的人才能辦到。這美德的永續，是超自然的。

對立與矛盾。對立的關聯能以何種方式觸及自然之人，那麼並置共思的矛盾就能以同樣的方式觸及神。

被神啟發的人，其行為、思想、情感，都被一種無法呈現的連結聯繫著。

畢達哥拉斯學派[61]的想法是，善的定義，永遠來自對立事物的結合。體驗了其中一邊之後，便會回到另一邊。這便是《薄伽梵歌》所言之「對立事物的歧途」。馬克思的辯證法所提出的觀點，嚴重降低該理論的高度，完全扭曲了它。

對立事物的錯誤結合。馬克思主義提出的勞工帝國主義。拉丁諺語中，剛獲得解放的奴隸們，狂妄自大。狂妄自大與卑躬屈膝，是會相互影響的兩種態度，導致兩者皆變本加厲。一片好心的無政府主義者，透過迷霧瞥見結合對立事物的原理，便以為只要將權力交給被壓迫者，惡就會被摧毀。不可能的夢。

---

61 譯註：畢達哥拉斯學派（L'école pythagoricienne）的創建者是古希臘哲學家暨數學家畢達哥拉斯（Pythagore, 580或570-459B.C.左右），對於後世在數學、形上學、美學、宇宙學、倫理學等許多方面皆有深遠影響。

那麼，對立事物的錯誤結合與正確結合，各有哪些特點？

對立事物的錯誤結合（因謊言而錯誤），是在與對立事物相同的層級進行的。如此一來，便是將支配權交給受壓迫者，仍舊未能跳脫權力宰制關係。

對立事物的正確結合，則是在更高的層級進行的。宰制者與被壓迫者之間的對立，便會在平衡法則之中化解。

痛苦亦是如此（這正是它特有的功能），它分開已經結合的對立事物，讓對立事物在更高層級重新結合。痛苦與喜樂交互脈動，但喜樂必定勝出，無庸置疑。

痛苦是暴力，喜樂則是柔情，但喜樂是最強的。

對立事物的結合，宛如五馬分屍，若沒有極度的痛苦，它便是不可能的。

超然，與矛盾事物有關。對於特定事物的依附，唯一的摧毀方式，是依附其對立物。這就是為什麼：「要愛你的敵人……不恨父母……」

我們若非讓對立事物屈從於自己，就是讓自己屈從於對立事物。

人們的行為當中，同時存在著許多矛盾。同時往兩側傾斜的天秤，是神聖，是微觀宇宙的具體化，是世界秩序的擬仿。

人心當中，同時存在許多矛盾的美德，像鉗子一樣，可藉此觸及神。應發現並提出一些關於人類處境的法則，提出許多深刻闡明種種特殊個案的見解。

於是，高層級者便複製了低層級者，但位置已然調換。

與惡相近的，包括力量與存在；與善相近的，亦包括軟弱與虛無。

此外，惡亦是剝奪。應闡明矛盾事物以何種方式作為真實。

探究的方式是：一旦想到某件事，就去尋思它的對立物在何種意義得以為真[62]。

---

62 原文編按：這句格言，向我們指出一個關鍵，關於西蒙・韋伊作品當中四處可見的、表面上的矛盾：既熱愛傳統，又對過往漠不關心；認為神是至高的真實，同時又將神視作虛無，諸如此類。這些矛盾在人生種種不同層面都是真的，而其中的對立，則在超自然之愛的層級得以化解。理性能夠看見鎖鏈的兩端，但連結鎖鏈兩端的中間部位，唯有透過無法言喻的直觀，方能領會。

惡是善的影子。凡是真實的善，都彷若固體、有其厚度，都會投下惡的影子。只有想像的善不會投下影子。

所有的善，都與惡有連結。我們若渴求善，卻不願讓與其對應的惡散佈於自身周圍，那麼我們便不得不將這惡集中在自己身上，因為這惡是無法避免的。

因此，若渴求完全的至善，前提是必須接受讓自己承受最惡的惡。

若只渴求善，便是抗拒善惡如同光影一體兩面的法則，也是抗拒普世的法則，落入苦難是無可避免之事。

基督十字架的奧義，棲身於矛盾之中，因為那既是經過同意的犧牲、亦是基督不由自主承受的刑罰。若我們在其中只看見犧牲，那我們可能會希望親身擁有相同體驗。但我們不會希望承受不由自主的刑罰。

必然與善的距離[63]

LA DISTANCE ENTRE LE NÉCESSAIRE ET LE BIEN

必然性，是神的掩護。

神將所有現象交付給世間的機械論，無一例外。[64]

在神之中，人類所有美德皆有近似之類比，包括服從。世間的必然性，因此有了發揮之地。

必然性是智性可以掌握的形象，它能呈現神的公平公正與無動於衷。

因此，一般概念中的奇蹟，是對宗教的褻瀆（它沒有次要肇因、**只有**主要肇因）。

63 原文編按：請見柏拉圖《理想國》第六卷。

64 原文編按：在此必須指出，西蒙・韋伊將笛卡兒與史賓諾莎的決定論，延伸至**所有**的**自然**現象，包括心理學層面。對她而言，唯一能阻止重力的，只有恩典。因此，她無視神在自然中留下的「無理由」之事，以及不確定性的餘裕空間，而自由與奇蹟是透過這餘裕空間出現在世界上。**事實上**，重力確實是無法抵抗的——聖多馬（saint Thomas）便承認，絕大多數的人類行為，都被盲目的感官欲望所操控、並受制於天體的決定論。

必然與善的距離，便是受造之人與造物主之間的距離。

必然與善的距離。可以一直靜觀，無窮無盡。古希臘的重大發現——特洛伊城的覆滅，或許早已教導他們這一點。

凡是試圖為惡辯解，不說「它即如此」而用其他方式辯解者，便是犯下違逆這項真理的錯誤。

我們唯一的嚮往，是否決善惡實為一體兩面的重擔。這讓人無法容忍的重擔，亞當與夏娃早已承擔下來。

為了否決這重擔，就勢必混淆「必然的本質」與「善的本質」，否則就必須遠離這世界。

能夠淨化惡的，只有神，以及野蠻的社會。純粹能夠淨化惡，武力也可以，但方式截然不同。對於無所不能之人而言，一切都是被允許的。擁有無限權力的人，無所不能。武力能夠使善惡擺脫一體兩面，不再結合。它能解放使用武力者，甚至亦能解放受害者。主人被允許做任何事，奴隸亦然。劍柄與劍尖，將持劍者與被刺者從無法忍受的重負責任當中解放出來。恩典也能完成同樣的解放，但僅只藉由責任，而非武力。

擺脫限制的唯一方式是提升高度，直至萬事皆為一體之處；抑或降低高度，直至限制不復存在之處。

事物有其限制，是神愛我們的證據。

等候即將到來的世界末日，形塑了早期教會的行為舉止。這信念使他們心中產生「一種遺忘，忘記了必然與善之間的距離多麼廣袤」。

神的缺席，是用最美妙的方式證明這份完美的愛。由於如此，純粹的必然性，顯然不同於善的必然性，是如此之美。

無限，是對「一」的**試煉**。時間，是對永恆的試煉。可能性，是對必然性的試煉。變動，是對不變因素的試煉。

一門知識、一件藝術作品、一種道德規範，抑或一個靈魂的價值，取決於它能夠**抵擋**這項試煉到什麼程度。

偶然

HASARD

我愛的人們，是受造之人。他們誕生於偶然之中。我和他們的相遇，亦屬偶然。有天他們會死去。他們的思想、他們的感受、以及他們所做之事，都是有限的，都摻雜了善與惡。

深知這一點，而不因此少愛他們一點。

模仿神。祂將有窮之物視為有窮之物，並以無窮的愛去愛有窮之物。

我們總希望一切有價值的事物皆能永恆。然而，凡是有價值之事物，皆為事物與事物交會的結果，僅在交會期間存續，一旦交會者彼此分離，價值便不復存。這是佛家思想的核心，亦是赫拉克利特的哲思[65]，它能將我們帶向神。

默想那場使我父親與母親邂逅的偶然，相較於對死亡的默想，是更有益的。

在我身上，有什麼不是源於這場邂逅？只有神。而**我**想著神，這思緒其實也源於那場邂逅。

星辰與花樹。全然恆久與極度脆弱，二者同樣給人永恆的感受。

65 譯註：赫拉克利特（Héraclite, 540-480B.C.左右），古希臘哲學家。

關於進步的理論，關於這「不斷向前邁進的天才」，它所難以容忍、無法想像之事，是被偶然所掌控的這個世界，竟然蘊含著最珍貴之事物。由於不能容忍，因此更需要細細靜觀。

創世，即是如此。

唯一不受偶然影響的善，是存在於這世界之外的善。

珍貴的事物如此脆弱，它的脆弱性很美，是因為脆弱是存在的印記。

特洛伊城的覆滅。花樹的花瓣飄零。要知道，最珍貴之物，並非扎根於存在之中。這樣很美。為什麼？將靈魂投射於時間之外。

一名女子，渴求擁有一個肌膚白嫩似雪、雙頰紅潤如血的孩子[66]。她得到孩子，卻付出性命，孩子交給繼母撫養。

---

66 譯註：引自德國童話《白雪公主》（*Blanche-Neige*）。

應愛的對象不在場

CELUI QU'IL FAUT AIMER
EST ABSENT

創世之際，神唯一能夠存在的形式，是不在場的形式。

神之無辜與惡。必須將神置於無限遠之處，才能設想祂與惡無關；反之亦然，惡告訴我們，必須將神置於無限遠之處。

這世界既然毫無神的存在，它因此是神自身。
正因如此，苦難之中的任何慰藉，都會使人遠離愛與真實。
此為奧義中的奧義。一旦領略，便能安心。[67]

「在東方國度的沙漠中……」必須置身沙漠。因為應愛的對象不在場。

若一個人將他的生命寄託於他對神的信仰，有一天他可能會喪失信仰。
但是，若一個人將他的生命寄託給神本身，那他就永遠不會喪失信仰。將生

67 編註：本書由蒂邦撰寫的〈序〉引用該段落多了一句：「這世界既然毫無神的存在，它因此是神自身。必然性既然完全異於善，那麼它便是善自身。正因如此，苦難之中的任何慰藉，都會使人遠離愛與真實。一旦領略，便能安心。」

命寄託在完全無法觸及的對象上，是不可能的。此即死亡。正需如此。

存在之物之中，毫無絕對值得愛的對象。

因此，應愛不存在之對象。

這對象雖不存在，卻並非空想。我們的空想不可能比我們更值得愛，而我們並不值得愛。

贊同善，但不應是可掌握、可呈現的善。應毫無條件地贊同絕對的善。

若我們贊同的善，是我們自己以為的善，那麼我們贊成的就是一種摻雜惡與善的混合物，而這份贊同在產生善的同時，亦會產生惡——我們心中善與惡的比例，並未改變。反之，無條件贊同我們永遠無法想像的善，這份對於純粹之善的贊同，只會產生善，只要它持續下去，最後靈魂便能成為全然的善。

信仰（當它指的是對於自然的超自然詮釋時）是一種臆測，是奠基於超自然經驗的相似類比。因此，擁有特權能夠靜觀神祕主義的人們，由於已經見識過神的慈悲，他們便會**猜想**神是慈悲的、神創造的世界是慈悲之作。然而，若要直接在自然之中見證這慈悲，便必須使自己盲目，必須掩住耳朵、鐵石心腸，才能相信自己能做到這一點。猶太人與穆斯林即是如此，他們試圖在自然之中尋找神的慈悲之證據時，變得殘忍無情。基督徒也經常如此。

因此，唯有神祕主義能為人性帶來美德。不相信世界的簾幕背後藏有無窮的慈悲、亦或相信這慈悲存在於簾幕前方，這兩種想法都會使人殘酷。

神的慈悲，在俗世有四點可以證明：神對於懂得靜思者的恩惠（這狀態確實存在，並且是他們身為受造之人的經驗之一）；這些人的光輝與悲憫，也就是神在他們心中的悲憫；這世界的美好；第四個證據，是這俗世之中，毫無慈悲[68]。

降生。神很微弱，是因為祂毫不偏袒。祂使陽光照耀在好人與壞人身上，也讓雨落在好人與壞人身上。天父的漠然，與基督的弱小相互呼應。神不在場。天國就像一顆芥菜種籽……神絲毫不插手。人們殺害基督，是因為憤怒，因為祂只是神。

68 正是因為這道反命題、恩典的種種效應在我們心中造成的拉扯、我們四周的世界之美、以及控制宇宙的無情必然性，所以我們心中的神同時既像是在場、又像是人類絕對不可克服之事。

若我認為，神使我痛苦是出於祂的意願、是為了我好，那我就會相信自己有某種重要性，我會因此無視痛苦的主要功用——痛苦，是為了使我知曉，我什麼都不是。因此，不能去想這類的事。應透過痛苦去愛神。

我應當熱愛自己身為無物。若我真的有某種重要性，那就太可怕了。應愛我的虛無，愛我身為虛無。用我靈魂當中位於簾幕另一側的那一部分去愛，因為意識能夠感知的、這一側的靈魂，是無法熱愛虛無的，這一側的靈魂厭惡虛無。若它以為自己愛著虛無，那麼它愛的其實是其他事物，而非虛無。

神讓壞人與好人都遭受不幸，也讓他們都被日曬雨淋，毫不偏袒。神並未指定基督的十字架。神與個別的人類直接接觸，僅只透過純屬靈性的恩典，恩典回應人的目光，但僅限於個體不再是個體的時候。世上發生的事，沒有一件是神的恩惠，恩典是唯一的特例。

聖餐儀式對好人而言是好事，對壞人而言是壞事。應遭判罪的靈魂便這樣進入天堂，但天堂是他們的地獄。

痛苦使人吶喊「為什麼？」。整部《伊里亞德》，都迴盪這吶喊。

解釋痛苦的原由，能帶來慰藉，因此，痛苦不可解釋。

無辜者所蒙受的痛苦，其寶貴價值便由此顯現。這份痛苦近似創世之時，神作為無辜者，卻接受了惡。

痛苦無法克服，這項特質使我們無法不在承受痛苦時厭惡它。痛苦無法克服，是為了讓意志停下來，一如荒謬之事使智識停下來、愛的對象不在場而使愛停下來，好讓人類在各種機能停下來時伸出雙臂、停下腳步，觀看、等候。

「祂無視無辜者的不幸。」神的沉默。俗世的喧囂，乃是模仿這沉默。這喧囂什麼都不訴說。

當我們迫切需要有個聲音訴說什麼事情，當這渴求深深翻攪臟腑，而我們出聲吶喊，盼望能夠得到回應，但卻沒有回應——直到此刻，我們才領略什麼是神的沉默。

通常，我們的想像會在俗世的喧囂中揑造字句，一如某種怠惰的遊戲，使我們在煙霧中看見一些形狀。但是，當我們太精疲力竭、當我們失去了遊戲的氣力，這時我們就需要真正的字句。我們放聲吶喊，希望能得到真正的字句。我們喊得五臟俱裂。唯一的回應，只有沉默。

在這之後，有些人開始自言自語，像瘋子一樣。在這之後，無論他們做出什麼事，都只能憐憫他們。至於其他人，非常少數的一些人，會將整顆心都獻給沉默。

無神論的淨化效果

L'ATHÉISME PURIFICATEUR

確確實實的矛盾情形。神存在；神不存在。這有什麼問題嗎？我完完全全肯定有神存在，因為如此，我才能完全肯定我的愛並非幻覺。我完完全全肯定神不存在，因為如此，當我說出神的名字時，我才能完全肯定腦海浮現之物絲毫不像任何實際存在之物。然而，我無法設想之物，並非幻覺。

無神論有兩種，其中一種，能淨化我們對於神的觀念。

或許，所有的惡都擁有另一種面向，能在趨向善的過程中發揮淨化作用，甚至具有第三種面向，亦即更高的善。

必須嚴加區分這三種面向，若混淆三者，對於思想與人生的實際品行而言，都是極度危險的事。

在兩名不曾體驗神的人類當中，否認神的那一位，或許較為接近祂。

假的神和真的神近乎完全相似，唯有一點例外：這神是無法觸及的。假的神會永永遠遠阻礙我們接近真的神。

信仰假的神，這神和真的神近乎完全相似，唯有一點例外：假的神不存在。信仰假的神，是因為我們並未置身於神存在的境界。

我們這個時代所犯的錯誤，是基督教義遠離超自然。原因出自政教分離——人文主義更是首要原因。

將宗教視為慰藉的來源，會阻礙真正的信仰，就這層意義來說，無神論是一種淨化。我心中的某一部分應抱持無神論，因為那一部分並不適合神。在那些尚未領悟超自然的人們當中，不信神者有理，信神者是錯的。

某人的所有家人都死於酷刑，他自己亦在集中營被長期拷打；或是十六世紀的一名印地安人，在全族都被殲滅時，成為唯一的倖存者。這樣的人若曾經相信神的慈悲，如今他們或許不再相信，抑或對此全然改觀。我沒經歷過這樣的事。但我知道這種事確實存在：既然如此，差別何在？

關於神的慈悲，我應當試著抱持一種恆定不變的觀念，無論命運使我遭受何等慘事，那都不會減弱、不會改變，並且得以傳遞給任何一個人類。

專注與意志

L'ATTENTION ET LA VOLONTÉ

不是去理解新事物，而是在持續的耐心、努力與有條有理之下，憑一己之力理解顯著的事實。

信仰的不同層級。最顯而易見的事實佔據**全副心思**時，如同神啟。

試圖透過專注去彌補錯誤，而非透過意志。

意志能掌握的，僅是幾束肌肉的幾組動作，這些動作代表的是鄰近物件的移動。我可以憑意志將手平放在桌上。思想中的真實、靈感、或是內在的純粹等等，若它們與「將手平放在桌上」這類姿態有關的話，那它們亦可以是意志的對象。但那與意志絲毫無關，於是我們只能乞求它們的降臨。乞求，便等同於相信自己在天國有個天父。抑或應當停止渴求它們？還有比這更糟的嗎？唯有內在的祈求是合宜的，因為它能避免繃緊那些與此事無關的肌肉。涉及美德、詩、或是問題的解答之時，還有什麼比繃緊肌肉、咬緊牙關更傻的嗎？專注，則是截然不同之事？

傲慢，是如此緊繃僵硬。傲慢之人缺乏恩典，亦缺乏優雅[69]。這是錯誤造成的效應。

最高層級的專注，和祈禱是相同的，都需要信仰與愛。

極致純粹的專注，即是祈禱。

若將智識朝向善，心靈不可能不漸漸被善吸引，不由自主地。

最高等級的專注，建構人類心中的創造天賦。唯有屬於信仰的專注力，才是最高的注意力。一個時代有創造力的天才之數量，與該時代的最高專注力亦即信仰專注力之量，是成正比的。

將注意力集中在某問題上，是以不正確的方式追尋。又是恐懼虛空的現象。不願讓付出的努力徒勞無功，於是像狩獵一樣苦苦追逐。不可企求尋得追尋之

69 譯註：此處原文直譯是「缺乏grâce的雙重含義」，也就是恩典與優雅。

物，那如同過度的犧牲奉獻，付出者會因此變得依賴他努力的對象。我們會因此需要外在的偶然補償，儘管代價是扭曲真理。

唯有無欲（無特定對象）的努力，才絕對含有補償。

在追尋的對象面前，倒退而行。不直接的，才是最有效的。若不先後退，就什麼都做不了。

拉扯葡萄藤，只會讓葡萄摔爛在地上。

有些努力，只會造成反效果（譬如：乖戾的虔誠教徒、虛假的苦行、某些犧牲奉獻，諸如此類）。另一些努力則有其功效，即使未能成功也一樣。

如何辨別兩者？

或許，其中某些努力，伴隨著對於內在苦難的否定（亦即謊言）；至於另一種努力，則持續將注意力聚焦於我們自身與我們所愛之物的距離之上。

愛，能教育諸神與人們，因為不渴求學習者，勢必無法學習。我們追尋的對象雖是真實，但並非以真實的面貌，而是以善的面貌作為追尋對象。

專注與欲求有關。並非意志，而是欲求。抑或更確切地說，是關於同意。

我們釋放自身能量，但它又不斷再度依附在我們身上。如何全然解放它？應當渴求它在我們內部解放。確確實實欲求這一點，但僅只停留於欲求階段，不去嘗試達成它。一旦嘗試達成它，都將徒勞無功，而且代價高昂。在這樣的行動之中，凡是自稱我之「我」，都應當保持被動。我僅需投入一種毫無雜念的注意力，它是如此專注，因此使得「我」消失無蹤。消除注意力中所有自稱我之「我」，將注意力集中於難以想像之事物。

若有能力永久消弭一道思緒，便能開啟通往永恆之門扉。須臾即是無窮。

關於誘惑，應以端莊女子為榜樣，她毫不回應誘惑者的話語，並假裝聽不見他的聲音。

我們應對善與惡抱持相同態度，不偏不倚，意思是對兩者投以相同程度的注意力，如此一來，善將會藉由一種自動現象而勝出。恩典的本質即在於此。這便是考驗善是否確實為善的試煉。

若我們不轉移注意力、不拒絕神啟，那麼神啟便是不可避免的、無法抵抗的。無法自行抉擇，僅需承認它的存在。

若是基於愛，而將注意力轉移於神（抑或層級較低的狀況，轉移至任何確實美好之事物），將使某些事成為不可能。這便是靈魂內部的、屬於祈禱的無行動之行動。某些行為則會遮掩這樣的專注力，而這專注力的反作用力，則會使另一些事成為不可能。

一旦靈魂當中出現一絲永恆，便僅需呵護它，除此什麼也不需做，因為它會自行成長，像一顆種籽一樣。應在它四周配置靜佇不動的武裝警衛，用許多凝視滋養它，定期而嚴謹地建立關係。

靜觀肉身之中的不變因素，藉此滋養靈魂之中的不變因素。

書寫如同分娩，無法阻止自己付出最大努力。但其他行動亦是如此。我不需恐懼自己不付出最大努力。但前提是不可對自己說謊、必須保持專注。

詩人創造美，是透過對於真實之物的專注力。基於愛而行動，亦是如此。知曉這名飢餓口渴之人，和我一樣真實存在——知曉這件事便已足夠，之後的一切都會自然發生。

一名人類的行動之中，真、善、美真正而純粹的價值，誕生於注意力全然集中而投入的單一行動。

教育不應有特定目標，除非是透過注意力的練習，來試圖使上述行動成為可能。

教育的其他益處，都無關緊要。

學習與信仰。由於祈禱僅是注意力的純粹形式，而學習即是鍛鍊注意力，因此學校課業應該反映精神生活。教學必須有方。寫拉丁文翻譯練習題的某些方法、幾何數學題的某些解法（並非所有的方法），都是注意力的實際鍛鍊，能使注意力更符合祈禱的能力。

理解圖像與象徵的方法。不試圖詮釋，僅只凝視它，直到浮現光。

一般而言，訓練智性的方法是凝視。

運用這方法，能辨別真實與幻覺。在感知之中，若對所見之物抱持疑慮，應一面注視它，一面移動自己的位置，那麼真實便會顯露。在內在生活中，則以時間流轉取代空間位移。隨著時光流逝，我們產生變化，而若我們在變化的同時，仍持續注視某個同樣的事物，那麼幻覺終將消散，真實終將顯現。前提是這份注意力必須僅止於凝視，而非依附。

當意志同時依附於責任義務以及不當的欲望，雙方因此起衝突時，將會耗損與善有關的能量。應被動忍受來自欲望的折磨，如同痛苦讓我們承受苦難的試煉，同時持續將注意力聚焦於善。能量的質，便因此向上提升。

應在時光流逝中，使欲望失去方向，竊走它的能量。

欲望的企求是無止盡的，但欲望受限於其能量之有限。因為如此，在恩典的助力之下，我們得以掌控欲望，使其耗竭而摧毀它。一旦清楚認知這一點，若能將注意力持續集中在這項事實上，我們便有可能戰勝欲望。

更好的視野……我們似乎想著善，就某層面想著它，但並未思考它的可能性。

我們藉由矛盾而掌握的虛空，無庸置疑屬於高處，因為我們是在多加淬鍊智性、意志與愛的自然天賦之後，才更能掌握這虛空。位於低處的虛空，則是我們任憑這些自然天賦衰退時，我們因此跌落其中的虛空。

超驗的經驗：雖看似矛盾，但超驗的體驗僅能是實質接觸，因為天賦無法捏造它。

孤寂。它的價值何在？身旁只有單純的物質（即使天空、星辰、明月、花樹亦是如此），這些事物的價值，（或許）低於人類的心靈。孤寂的價值，是提升專注層級的可能性。若我們能在身旁有人時，維持相等的專注……

關於神，我們只能知曉一件事：祂是我們不是的事物。唯有我們的苦難，才是祂的形象。我們越是多加凝視自身的苦難，就越是多加凝視神。

罪，是對於人類苦難的蒙昧無知。罪是無意識的苦難，因此需遭受刑罰。基督的故事是一場實驗，證明人類的苦難無法減輕，證明即使是絕對無罪之人，其苦難亦與有罪之人同樣巨大。這苦難的不同處，是它的啟發性……

富人與掌權者難以知曉人類之苦難，因為他們幾乎無法不去相信自己很重要。苦難之人亦難以認清苦難，因為他們幾乎無法不去相信富人與有權者很重要。

造成死罪的，並非錯誤，而是取決於犯錯之際的靈魂明暗度，無論該人犯的是什麼錯。

純淨是一種權力，能夠靜觀汙穢。

極致的純淨，能同時靜觀純潔之人與道德敗壞之人；至於不純淨，則兩者皆無法靜觀，因為純潔之人使其畏懼，而道德敗壞之人則會吸收它。它需要混雜兩者之物。

訓練

DRESSAGE

必須達成可能之事，方能觸及不可能之事。以符合責任義務的正確方式，訓練意志、愛與知識之相關天賦，這樣的練習之於心靈的真實面，正如身體運動之於物件感知。癱瘓之人無法感知。

完成嚴謹的人類義務，一如對於作文、翻譯、算數習題等作業的批改。忽視這樣的校正，是不尊重其對象，亦是無視應負的責任。

與靈感相關之事物，以時限滋養自身。與自然義務或意志相關之事物，則不受時限所苦。

教誨的存在，並非為了用來實踐；應當實踐的，是這些教誨啟迪的智識。教誨如同音階。若不曾學習音階，便不可能彈奏巴哈。但學習音階，並非為了彈奏音階。

鍛鍊。當我們驚覺內心出現不由自主的傲慢思想時，將注意力轉移至自己曾經經歷的屈辱回憶，並從中選擇最悲痛、最難以忍受的回憶。

不應試圖抹消或改變自己內心的欲望、憎恨、愉悅與痛苦。應以被動的態度忍受它們，如同對色彩的感受一樣，並且不賦予它們更多的重要性。假設我的窗戶玻璃是紅色的，那麼日日夜夜聽從理智去觀看這房間的我，一年過後，眼中的房間不可能不是粉紅色的。我知道自己眼中的房間必然如此，那是正確的，是好的。但與此同時，我知道這顏色只是一種資訊，它對我的影響是有限的，僅限於我對它與這扇窗玻璃的關係之認識。應以這樣的方式去接受我內心產生的所有欲望、憎恨、愉悅與痛苦，而非其他方式。

此外，在我們的內心，亦存在一種暴力準則，也就是意志，因此必須以暴力的方式來運用這項暴力準則——這樣做必須有所節制，但亦須全然發揮它。用暴力來強制自己表現得無欲、無恨，試著說服自己的感受，強迫它從命。感受會反抗，應當被動地承受它的反抗，像接受外來事物一樣接受它、體驗它、品嘗它，像接受紅色窗戶將房間染成粉紅色一樣。

以這樣的精神運用暴力時，每次都藉此訓練自己內心的動物，進展可能顯著也可能不顯著，但都是真正的進展。

當然，這份針對自己的暴力，必須只是一種手段，才能真正對訓練有用。訓練狗的時候，打牠的目的，並不是為了打牠，而是為了訓練牠，因此，牠只會在練習不佳時挨打。若是毫無章法地打牠，最後只會使牠不聽從任何管教。苦行主義若不得宜，造成的結果正是如此。

針對自己的暴力，必須是源於理性（目的是執行我們清晰認知的職責）——否則，便必須是在不可抗拒的恩典推動之下，不得不然的行為（但這樣一來，這暴力就不是來自自己了）。

我面臨的困境是，由於疲憊、由於缺乏維持生命必須的能量，我處在正常活動的層級之下。若有某物攫住我、將我抬高，那我便處在它之上。如此一來，對我而言，將時光虛擲於一般活動，似乎是一件不幸之事。其他時候，我必須對自己暴力，但我無法從自己內部汲取這暴力。

我能夠接受這情形導致的行為異常。但我知道，我認為自己知道，這是不應該的。行為異常會導致因為疏忽他人而犯的罪。而我，我則將因此被困住。

那麼，該採取什麼方法呢？

εαν θελης δυνασαι με καθαρισαι[70]。

---

70 「主若肯，必能使我潔淨。」（福音書）

我必須練習，將努力付出的感受，轉化為被動承受痛苦的感受。無論我懷抱著什麼，神使我受苦的時候，我都不得不承受所有必須承受的痛苦。為何當我們面對義務責任時，不以同樣的方式去做所有必須做的事呢？

山巒啊，岩石啊，請落在我們身上，掩蓋我們，使我們遠離羔羊的憤怒。此刻，這憤怒是我應得的。

勿忘，聖十字若望認為，凡是使人不再執行簡單低等義務的啟示，都來自錯誤的那一方。

我們被賦予的義務責任，是為了消滅自我。而我卻任憑如此珍貴的工具荒蕪生鏽。

必須在時效之內完成任務，方能相信外在世界的真實性。

必須相信時間的真實性。否則，我們便只是在作夢。

這是我的弊病，我已發現它好多年，我知道它的嚴重性，卻絲毫未曾採取行動來試圖廢止它。我能找到什麼藉口？

從我十歲那年開始，它就日益加深，不是嗎？但儘管嚴重，它是有限的。這樣已經足夠。若它嚴重到我無法在此生消除它，若它發展到一種完美的狀態，那它必定會像所有被愛接受的事物一樣被接受。我僅需知曉它是什麼、知曉它是不好的、知曉它是有限的。然而，確切知曉這三點、同時知曉這三點，前提是必須啟動並不斷持續關於消除的程序。若該程序尚未啟動，就代表，甚至連我書寫的內容，我其實都不知悉。

我擁有生命所需的能量，我仰賴它活著。我必須將它從我身上抽離，儘管我會因此死去。

辨別善與惡的完美試煉，僅有一種，那就是持續不斷在內心祈禱。凡是不打斷這祈禱的事物，都是被允許的；凡是會打斷它的事物，都是禁止的。在祈禱狀態之中採取行動時，是不可能傷害他人的。前提是，這祈禱必須是真正的祈禱。但在能夠達到這境界之前，必須先運用自己的意志來反對遵循規則。

希望在於，我們知道，我們內心的惡是有限的，而靈魂一旦趨向善，儘管只是毫釐、儘管只是短暫一刻，都會消滅一點點的惡，而在精神層面的領域中。一切的善，都必然招致善。不知曉此事者，注定承受達那伊得斯（Danaïdes）遭受的酷刑[71]。

在純粹的靈性領域中，必定是善招致善，惡招致惡。反之，在自然的領域（包括心理學的領域）當中，善會招致惡，惡會招致善。因此，唯有抵達靈性的領域，我們才是安全的——唯有在這領域之中，我們無法藉由自身謀求任何事物，一切能夠等待之物，全都來自他方。

---

71 譯註：希臘神話中，達那伊得斯（Danaïdes）是埃及王——達那俄斯（Danaos）的五十個女兒，在新婚之夜奉父親之命殺害她們的五十個丈夫，只有大女兒沒有下手。四十九位達那伊得斯謀殺親夫的懲罰，是在地獄不斷汲水運水、不斷將水倒進無底桶，永無止盡。

智性與恩典

L'INTELLIGENCE ET LA GRÂCE

藉由智性，我們知曉智性無法理解之事，較智性能夠理解之事更為真實。

信仰，是體驗智性因為愛而變得澄明。

但是，智性應發揮其獨有的稟賦，也就是確認客觀事實與論證，藉此承認愛確實勝過一切。智性只能在一種情況下服從，也就是理解為何服從，並且是以完全確切而清晰的方式理解。若非如此，智性的服從便是一種錯誤，而它服從的對象無論頂著什麼名號，都不是超自然的愛。社會影響便是一例。

在智性的領域中，謙卑的美德只有一種，就是專注的能力。

不合宜的謙卑，會讓人以為自己是無謂的存在、以為自己這個特定人類是微不足道的。

真正的謙卑，是知道我們之所以微不足道，是因為我們是人類、是受造之人。

智性在其中扮演重要角色。應思索一般概念。

當我們聽見巴哈的音樂、或是單聲聖歌的曲調時，靈魂所有不同的稟賦都緊繃起來、噤聲傾聽，用各自的方式去領受這極致的美。這些稟賦亦包含智性，對於這份美，智性絲毫無法證實或否定，但這美會成為它的養分。

信仰也應如此不是嗎？

關於信仰的奧秘，無論是證實它或否定它，都會降低它的高度。信仰的奧秘，只宜靜觀。

在真正的愛之中，智性擁有得天獨厚的角色，是因為智性就本質而言，它的執行過程，即是自行抹消的過程。我可以盡力追求真實，但是，企及真實之時，真實僅是存在於那兒，那絲毫不是我的功勞。

最接近智性的，是真正的謙卑。真正使用智性的時候，不可能因為自己的智力而自豪。當我們使用智性時，我們並不執著於智能。因為我們知道，即使下一刻我們就變得癡傻，餘生之中，真實仍將繼續存在。

天主教信仰之奧祕，並非為了讓靈魂所有部位相信而存在。基督在聖餐麵餅中的存在，不同於保羅的靈魂在保羅身體中的存在（二者皆同樣無法理解，但方式不同）。對於我身上用來理解既定事實的那一部分而言，聖餐不宜成為信仰的對象。這便是新教教義中，屬於真理的一部分。但是，聖餐麵餅中的基督，並非象徵——象徵是抽象與圖像的結合，是人類的智力能夠理解其形象的事物，而非超自然。就這一點而言，是天主教有理，而非新教。自我擁有許多不同部分，唯有為了超自然而生的那一部分，才應該信奉這奧秘。

我們心中屬於智性的那一部分——也就是負責證實、否定、表達意見的部分，它僅是服從。和那些我無法領略其真實、但卻深愛著的事物相較之下，我認為真實的事物，是較不真實的。聖十字若望將信仰比喻為黑夜。曾接受基督教教育的人，將其靈魂較低層級的部分亦依附於這些奧秘之上，但這一層級的部位其實無權如此。所以他們需要淨化，聖十字若望曾描述這淨化的不同階段。無神論、以及對宗教的質疑，都能等同於這樣的淨化。

若渴望發現新知，會導致思緒無法暫停下來，無法靜心思考超驗的意義。對已發掘之事而言，超驗的意義是無法想像的。由於毫無才華，我渴望新知的欲求是被禁止的，而這是我被賦予的重大恩惠。承認並接受自己沒有智力天賦，能迫使智性執行公正客觀的練習。

不應追尋超自然，而應追尋世界。超自然即是光——若以光為目標，便會降低其高度。

世界是多重意義的文本，我們透過某種勞動在意義之間轉換。身體勢必得參與這勞動，一如學習外國文字時，該文字必須透過反覆的書寫，而成為雙手嫻熟的技巧。若沒有這份勞動，任何思想模式的演變，都只是幻覺。

不同觀點之間，無須做出決擇。應接受所有觀點，但以垂直方式排列它們，將它們各自安置在合宜的不同高度。

偶然、命運、天意，亦是如此。

智性永遠無法參透奧義，但它能夠分辨傳達奧義的詞語是否合宜。唯有智性能辨到這一點。為了辨到這一點，必須將智性淬鍊得比其他天賦更加敏銳、洞悉、精確、嚴謹而不妥協。

古希臘人認為，唯有真理符合神性，錯誤或模稜兩可則不符。他們認為事物具有神性，因此更加堅持事物的精確度。（我們的所作所為則恰好相反，我們已因佈道而扭曲）。他們在幾何學中發現了神性的啟示，因此發明了極為嚴謹的論證……

關於人類與超自然之關係，應追尋比數學更精準的精確；它應比科學更精確。[72]

理性，就笛卡兒的定義而言，是機械論的、是人類能夠想像的必然，它應當應用於所有可能之處，好讓所有不可克服之物變得清晰明瞭。

運用理性，能讓事物在心靈面前變得顯而易見，事物被理解時，如同化作透明之物。但我們能夠看見的，並非透明之物。我們乃是透過透明之物，而看見它後方的不透明之物；而當透明之物並非透明的時候，後方的不透明之物就被隱藏起來。我們能看見窗玻璃上的灰塵，亦能看見窗玻璃後方的風景，但永遠看不見窗玻璃本身。擦拭玻璃上的灰塵，只能讓人看清楚風景。理性若發揮作用，只能

72 原文編按：此處亦是唯有透過無法言說之物方能釐清的矛盾：神祕主義的生活彰顯的是神性之隨意性，但卻又受制於嚴苛的規範。聖十字若望透過幾何的方式，描繪了性靈通往神的道路。

是為了觸及真正的奧秘、觸及真正無法論證之事，也就是真實。我們無法理解之事，遮擋了所有在本質上便是不可理解之事。基於這個理由，理性應發揮作用，消弭應理解而未理解之事。

今日的科學，必須往更高處尋找靈感，否則便會消亡。

科學只有三種意義：（一）技術方面的應用；（二）棋局；（三）通往神的道路。（棋局還附加競賽、獎項、名次）。

畢氏定理。唯有這道神祕主義幾何理論，能在這門科學的初期階段，賦予必要的專注程度。天文學源於占星術、化學源自煉金術，都是眾所皆知的事不是嗎？我們將這些學門視作進步，但其中的專注程度卻是下降的。超驗的占星術與煉金術，都是在觀察星辰以及物質結構所提供的象徵當中，靜思亙古恆久的真實。天文學與化學，降低了它們的高度。占星術與煉金術被當成魔法之後，其層級就更低了。唯有專注於信仰的專注，才是完完全全的專注。

伽利略（Galilée）。現代科學的原理，遵循這道無限的直線運動，而不再是循環運動，便不再是能夠帶我們通往神的橋樑了。

應洗滌天主教之哲學，此事至今從未執行。要辦到這一點，需要同時處於內部**與**外部。

讀73

LECTURES

他人。將每個人類（也就是自己的形象）都視作一座監獄，裡面住了一名囚犯，而環繞四周的，是整個宇宙。

厄勒克特拉的父親雖有權勢，她卻淪為奴隸，唯一的希望只剩她的兄弟。一名年輕男子前來宣布她兄弟的死訊——最絕望的那一刻，她卻發現這名男子便是她的兄弟。「她以為他是一名園丁」。面對一名陌生人，認出自己的兄弟；面對宇宙，認出神。

公正。持續不斷地抱持同樣態度，承認某人不同於我們讀到的他，無論我們是在他在場的時候讀他、抑或是在內心想到他時讀他，都是如此。更合宜的方式，是在讀他的同時，認為他一定不是如此，認為他或許與我們讀到的他截然不同。

每個人都默默吶喊，希望能以不同的方式被解讀。

73 原文編按：在西蒙・韋伊心中，這個詞的意思是：以感性去詮釋，做出關於價值的具體評價。譬如，我看見一名男子爬牆，於是我便直覺地「讀出」他是一名竊賊（而我或許是錯的）。

我們閱讀別人，但同時**我們也被他人閱讀**。閱讀者相互影響。強迫他人依照你閱讀他們的方式來閱讀他們自己（奴隸制度）。強迫他人依照你閱讀自己的方式來閱讀你（征服）。機制。往往毫無共識。

慈善或是不公不義，僅由閱讀來定義——因此，這兩者跳脫一切定義。死囚懺悔之奇蹟，並非因為他想到神，而是因為他在鄰人的身上認出神。彼得在雞鳴之前，不再認基督是神[74]。

許多人則是為了假的先知而犧牲性命。他們在這些先知身上讀到神，但那只是誤讀。

誰能確信自己所讀是對的？

人們之所以做出不正義的事，有兩種可能：一是刻意為之；二是誤讀正義。第二種狀況，幾乎總佔大多數。

對正義的愛當中，哪一種能夠避免誤讀？

如果所有人都完全依照自己解讀的正義來行事，那麼正義與不正義的差異何

74 譯註：《路加福音》第二十三章，和耶穌同時上十字架的一名盜賊在死前懺悔；第二十二章，彼得在耶穌被捕後，三度不認耶穌。

在？

聖女貞德。針對她高談闊論的人，幾乎必定譴責她。這些批評者並未將她視為聖女與貞女，而是以女巫、異端的名義審判她[75]。

誤讀的原因，包括輿論與偏見。

輿論影響甚鉅。在聖女貞德的故事中，我們能讀到當時輿論的影響，但它並不確鑿。而基督……

虛構的道德故事所探討之議題當中，並不包括誹謗。

若心靈的無辜不被認可，它還有什麼希望？

讀。除了某類品質的專注力之外，它是臣服於重力法則的。我們讀到的觀點，是重力提出的觀點（意即我們對於人事物的評斷當中，來自社會因循守舊的慣習與偏見的優勢部分）。

若以更高品質的注意力去讀，便能閱讀重力本身，以及種種可能的平衡系統。

---

75 原文編按：請見福音書中提及，犯下「誤讀」之錯的人們：「父啊，赦免他們！因為他們所做的他們不曉得。（……）時候將到，凡殺你們的就以為是事奉神。」

多層次的讀法：讀感官背後的必然，讀必然背後的規律，讀規律背後的神。

「不要論斷」。基督並不論斷。祂自身即是審判。祂的無辜受難，便是審判的基準。

審判與觀點。就這方面而言，所有審判，都是以企圖審判他人者作為審判對象。不論斷。不論斷並非漠然或緘默，而是超驗的判決，模擬我們無法企及的神之審判。

裘格斯戒指[76]

L'ANNEAU DE GYGÈS

別人的文明世界。我們譴責其他文化的弊病，試圖證明其宗教層面之匱乏。然而，歐洲二十個世紀以來的歷史上，輕易就能找到許多毫不遜色的醜事。摧毀美洲的種族屠殺；摧毀非洲的奴隸制度；法國南部的屠殺[77]；相較於備受撻伐的古希臘同性戀或東方國家的狂歡縱樂，這些都有過之而無不及。但人們總說：在歐洲發生的，是天主教儘管完美卻仍無法阻擋的醜行；而在其他文化中，則是因為他們的宗教有缺陷，所以才會發生這些事。

這是給予某事特別待遇的例子。這項錯誤的運作機制，值得深思。某些事被隔絕出來了。評斷印度或古希臘時，我們將惡視為與善相對之事；評論基督教的時候，我們則將惡隔絕出來單獨看待[78]。

將某事物隔絕出來時，我們沒意識到自己這樣做，這正是危險所在。抑或，更糟的情況是我們依照自己的意願隔絕它，但自我並未察覺這意願。接下來，我

76 譯註：裘格斯戒指（Anneau de Gygès）典出柏拉圖《理想國》第二卷，是可使佩戴者隱形的魔法戒指，柏拉圖藉此討論有德者若能隱身，其行為是否依舊能夠維持符合道德。

77 譯註：可指一七九五年或一八一五年的白色恐怖鎮壓。

78 原文編按：西蒙．韋伊在此提出的是深刻的真理，但她舉的例子並不合宜。當一名基督徒（譬如，某個審訊者）做出殘暴舉止，我們有權認為他的舉止與信仰無關，因為宗教首先是勸人慈悲。但當一名納粹做出這樣的舉動，我們有理由認為他的舉止源於他的信念，因為他的信念允許殘暴。

們便不再知曉自己曾經隔絕它。我們不想知道這件事，而因為不想知道，到了最後，我們便失去了知道這件事的能力。

將事物隔絕出來單獨看待之後，所有犯罪行為都成為可能。除了教育與管教得以建立穩定關聯的某些領域之外，這樣的隔絕彷彿一把鑰匙、一張萬能的許可證。人類因此膽敢做出諸多異於平常的舉動，尤其當社會關係與群眾的集體情感介入其中的時候（譬如戰爭、不同國族或階級之間的仇恨、政黨的愛國精神或教會的黨派主義）更是如此。所有受到社會幻象掩護的事物，都被置放於另一個地方，與其他一切隔離開來，得以逃避某些關係。

屈服於享樂的時候，也會用到這樣一把鑰匙。

當我日復一日拖延某項職責，遲遲不去完成它的時候，我也會使用它。我將職責與時光的流逝隔絕開來。

我多麼渴望丟棄這鑰匙。將它丟進井底，丟到絕不可能撿回的深處。

將某事隔絕開來的行徑，便是隱形的裘格斯戒指。將自己與所犯的罪隔絕開來，認為二者毫無關聯。

丟棄這鑰匙、丟棄裘格斯戒指，是意志的努力，是離開洞穴、疼痛而目盲的步行。

裘格斯。我成為國王，原本的國王被殺害——這兩件事毫不相關。這就是裘格斯戒指。

一間工廠的老闆。我享受著這般那般的奢華愉悅；我的工人們貧困痛苦。這名老闆很可能真心誠意同情他手下的工人們，卻絲毫看不出二者有何關聯。

若無思想參與，關聯永遠不會建立。如果思想不運用加法讓二加二成為四，那麼二加二永遠只是二加二。

不願建立關聯時，我們便會痛恨那些試圖要我們建立關聯的人。

正義，是在可類比的事物之間，以相近的詞彙建立相同的關聯，即使這些事物當中包括與我們切身相關之事物，甚至是我們依戀的對象。

這樣的美德，位於自然與超自然接壤之處。它屬於意志、屬於澄明的智性，因此屬於洞穴——因為我們的澄明，就是幽暗蒙昧。這樣的美德，若我們不走入光，就無法維持它。

宇宙之意義[79]

LE SENS DE L'UNIVERS

我們僅是整體的一小部分。我們必須擬仿整體。

梵我（L'atman）[80]。願一個人的靈魂，以整個宇宙作為身體。願這靈魂與全宇宙的關聯，一如收藏家之於其收藏品、一如嚷著「皇帝萬歲！」而赴死的士兵之於拿破崙。靈魂脫離自己的身體，轉移至其他事物。願它轉移至整個宇宙。

與宇宙同化。凡是不及宇宙之事物，都注定要痛苦。

就算我死去，宇宙仍繼續。若我非宇宙，這便無法使我感到安慰。但是，若宇宙對我的靈魂而言，宛如另一副身軀，那麼我自身的死亡，對我而言，便不再比陌生人的死亡更重要。我的苦痛亦復如是。

願對我而言，整個宇宙之於我的身體，一如盲人的拐杖之於他的手。他的感覺已不在他手中，而是位在拐杖尖端。這需要學習。

---

79 原文編按：此處提及之靈魂與宇宙同化，與泛神論無關。唯有在透過愛信奉神超然於宇宙的前提下，我們才能全然接受主掌宇宙的盲目必然性。請參照前文「這世界既然毫無神的存在，它因此是神自身」。

80 譯註：Atman為梵文，意指不同於「自我」的、真實的「我」，是《奧義書》的核心概念之一。

限制自己只愛純粹，並將這愛擴展至全宇宙，亦是同樣道理。

改變自己和世界的關係，一如工人透過學習，改變他與工具的關係。傷口，是他的專業進入身體內部。願一切苦痛，都使宇宙進入身體內部。

培養習慣、嫻熟技藝，是將意識從自己的身體轉移至其他客體。

願這客體是宇宙、四季、太陽、星辰。

身體與工具的關係會在學習過程中改變。必須改變身體與世界的關係。

我們並非擺脫依附，而是改變依附的對象。依附萬物。

透過每一種感覺去感受宇宙。如此一來，這感覺是愉悅抑或痛苦，何關緊要？如果握住我們的手的人，是我們深愛的久別重逢之人，那麼他握太緊而使我們的手疼痛，又有什麼關係呢？

有時疼痛過度劇烈，使我們喪失世界。但在那之後，緩解便會到來。若疼痛再度發作，緩解亦將再度到來。知道這一點之後，這般程度的疼痛，便成為等待緩解的過程，並將不再切斷我們與世界的接觸。

兩種極端傾向：為了宇宙而消滅自我；抑或為了自我而消滅宇宙。不懂如何化為無物的人，到了某個時候，可能面臨一種危險——除了他以外的其他事物，都不再存在。

外在的必然性，或內在的需求，二者皆如呼吸一樣不可或缺。「讓我們成為核心氣息」。儘管胸口疼痛導致呼吸變得艱難，我們還是會呼吸，因為不得不這樣做。

使身體的生活節奏與世界一致，持續感受這份一致性，同時感受物質恆久不渝的交流，人類正是藉由這交流而沉浸在世界之中。

人活在世上，什麼都無法從他身上奪走的，包括：意志能夠掌控的呼吸動作，以及對於空間的感知（儘管身陷牢獄、儘管雙眼已毀、耳膜破裂，只要人還活著，便能感受空間）。

在這樣的呼吸或空間感知上，繫上我們無論如何都不願被剝奪的思想。

愛他人如愛自己，不代表以相同的愛去愛所有人，因為我也不以同樣的愛，去愛我自己的每一種生活方式。這亦不代表不使他人受苦，因為我也不抗拒讓我自己受苦。愛他人如愛自己，代表和每個人維持一種關係，以思考宇宙的另一種方式去思考宇宙，而非以宇宙的一部分去思考宇宙。

不接受世上發生的某事件，便是希望世界不存在。在我身上，這對我而言是一種權力；若我渴望，便能得到。我便成為世界的禍根。

民間故事裡的願望：渴望一旦成真，就有危險。

渴望世界不存在，便是渴望我自己成為一切。

願宇宙的存在對我而言，如同阿涅絲（Agnès）[81]之於阿爾諾夫，如同珠寶箱之於阿巴貢（Harpagon）[82]。時時刻刻，整個宇宙，從我腳下的小石塊、直至最遙遠的星辰。

如果我想，世界便能屬於我，像守財奴的財寶。

但這財寶不會增長。

這無法克服的「我」，是我所承受的苦痛之核心、是痛苦無法克服的本質。應將之轉化為一般概念。

---

81 譯註：莫里哀《太太學堂》的女主角，由男主角阿爾諾夫養大的妻子。

82 譯註：莫里哀劇作《吝嗇鬼》（*L'Avare*）的男主角，愛財如命的守財奴。

我自身從未擁有喜樂，這無關緊要，因為神永遠擁有完美的喜樂！關於美、智性、所有事物，皆是如此。

渴望被救贖，是不當的渴求，並非因為這樣很自私（人並不擁有自私的能力），而是因為這會使靈魂傾向於特定而偶然的可能性，而非讓靈魂趨向圓滿的存在、迎向無條件的善。

我渴求的事物，若非存在，便是曾經存在，否則就是未來將會存在於某處。因為我無法無中生有。既然如此，我如何能不心滿意足？

Br。從前，我無法制止自己想像他活著、想像他在家裡與人溫柔交談。於是，深知他已死去這件事，既恐怖又孤寂。冰冷如金屬。儘管有其他人可以愛，對我又有什麼重要？我對他抱持的愛，以及內在的草圖、唯有和他才能進行的交流，如今變得沒有對象。現在，我不再想像他活著，而他的死變得不再像先前那樣難以忍受。他的回憶能安撫我。但世上還有其他人，我當時不認識的人，他們的死帶給我同樣的影響。

D……他並未死去，但我對他懷抱的友情已死，隨之而來的，是一種類似的痛苦。如今，他只是一道陰影。

但我無法想像同樣的轉變發生在X……Y……Z……身上，明明不久之前，他們尚不存在於我的意識之中。

有些父母無法想像孩子三年前還不存在，同樣地，我們也無法想像，我們並非一直認識自己所愛之人。

我愛的方式似乎不對，否則事情不會這樣發生在我身上。我的愛，不應只是依附於幾個人身上。對於所有值得被愛的一切，我都應該給予愛。

「要如你們在天國的父一樣完美……」以太陽照耀萬物的方式去愛。把對自己的愛收回來，將之散佈於一切事物之上。既愛萬物又只愛自己的，唯有神。

對神的愛，比我們想的更加艱難。

我可能用我的苦難玷汙整個宇宙，而我或許對這苦難毫無自覺，抑或將之集中在我身上。

忍受想像與事實之間的落差。

「我很難受」，總好過「這風景真醜」。

不願改變自己在世界之天秤上的重量——宙斯的黃金天秤。

乳牛是用牠的全身來產乳，儘管我們只從牠的乳房擠奶。世界產生神聖的方式，亦復如是。

中介

METAXU

一切受造之物，都拒絕在我眼中成為目的。這是神對我的最大慈悲。此即惡。在這世上，神的慈悲化作具體形式，便是惡。

世界是一道緊閉的門扉。是柵欄。於此同時，世界亦是通道。

囚室相鄰的兩名囚犯，彼此敲打牆壁來溝通。牆分隔他們，但亦是使他們得以溝通的管道。我們與神亦是如此。所有分隔都是一種連結。

我們將自己對善的渴望寄託於某事物，該事物便成為我們存在的條件之一。但這事物並不會因此成為善。我們渴求的事物，永遠是存在以外的事物。

受造之物的本質，是它們的過渡特質。它們都是通往彼此的中間過渡，生生不息。它們是通往神的中間過渡。以這樣的方式去體驗它們。

古希臘的橋樑。這橋雖傳承給我們，但我們不知如何運用。我們以為，它的用途是在其上建造房屋。我們建起高樓，並不斷加蓋新樓層。我們不再知道它是橋，用來使我們通行，走向神。

以超自然之愛去愛神的那些人，是唯一能夠將手段視為手段的人。

權力（以及權力的萬能鑰匙：金錢）只是手段，不是別的。因此，對於不理解這一點的人而言，它便是最終目的。

世界屬於必然性，它給予我們的唯一事物，僅有手段。我們的意志像一顆撞球一樣，在種種不同手段之間來回擺盪。

所有欲望都是矛盾的，食欲即是如此。我希望我愛的人能夠愛我。但他若將自己完全奉獻給我，那他就不再存在，而我停止愛他。而他若不將自己完全奉獻給我，那他就是不夠愛我。飢餓——吃膩。

欲望是壞事、是謊言，儘管如此，若無欲望，我們便不會去追尋真正的絕對、真正的無窮無盡。欲望是必經之路。被疲倦剝奪多餘精力的人們多不幸啊，那是欲望的泉源。

被欲望蒙蔽雙眼的人，同樣不幸。

必須將欲望固定於各種不同極端的中心軸。

毀滅何物會瀆聖？並非位於低處之物，因為它無關緊要。亦非位於高處之物，因為即使我們想，我們也無法觸及。是**中介**。**中介**是善惡交匯之處。

不可剝奪任何人類的中介，也就是這些既相對又雜沓的財產（家、國、傳統、文化等等），它們溫暖人心、滋養靈魂，如果沒有這些財產，在神聖生活以外，人不可能過**人道**生活。

真正的俗世財產，是**中介**。唯有將自己擁有之物視為**中介**而非其他，我們才能尊重他人擁有之物。這代表我們已朝向可以放棄財產的方向前進。譬如，若要尊重異邦人的祖國，便不能將自己的祖國作為偶像看待，而應將之視作通往神的階梯。

一切天賦自由發展、互不混淆，只遵守共同的最高原則。此即微觀宇宙，世界的擬仿。聖多馬眼中的基督。理想國的正義。柏拉圖談論的專門化，指的是整體人類的不同天賦，而非不同人類的相同天賦；階級亦是如此。世俗沒有意義，除非它是透過靈性存在、為了靈性而存在——但世俗不可與靈性混淆。世俗藉由憧憬、藉由超越自我，將我們帶向靈性。這樣的世俗，便是橋樑、便是中介，是古希臘與普羅旺斯所蒙受的感召。

古希臘文明——毫不欽佩武力；世俗僅是橋樑；種種心靈狀態，追尋的不是強度，而是純度。

美

BEAUTÉ

美，是偶然與善的和諧。

美是一種必然，它在符合自身法則並只遵從這法則的情形下，服從善。

科學的目的，是美（意指秩序、比例、和諧）——作為必然與超感性的美。藝術的目的，則是非必然的、感性的美，而我們是透過偶然與惡的細網瞥見這美。

大自然的美，結合了感性的印象、以及對於必然的感受。它必須如此（就最初的層面而言），也確切如此。

美誘惑肉身，藉此取得通往靈魂的許可證。

美蘊含剎那與永恆，以及其他種種對比。

美，是我們得以靜觀的事物。一座雕像、一幅畫作，能讓我們欣賞好幾個小時。

美，是我們能付出注意力的對象。

單聲聖歌。同樣的歌，若每天都唱好幾個小時，日復一日，即使是近乎至高完美的事物，都會變得令人難以忍受，於是被屏棄。

希臘人觀賞他們的神殿。我們只是忍受盧森堡公園的雕像，因為我們並不觀賞這些雕像。

若能在一名囚犯被永久禁閉的牢房中擺放一幅畫作，若這畫作不因此變得難以忍受，那就相反了。

唯有靜止不動的劇場，才是真正的美。莎士比亞的悲劇是二流作品，《李爾王》（*Lear*）除外。拉辛的劇作則是三流，《費德爾》除外。高乃依敬陪末座。

藝術作品有其作者，然而，作品臻至完美時，便有一種匿名的本質。擬仿宗教藝術的匿名性。因此，世界之美證明神既是個人的獨特特質，亦是不具個人風格的普遍特性，又同時兩者皆非。

美是遠距離的物質誘惑，前提是放棄，包括對於想像的放棄——這是最私密的棄絕。除了美之外的欲望對象，都是我們想要吞食的對象。美，是我們雖然渴望卻不願吞食的對象。我們只渴望它如是存在。

停留在原地不動，同時與我們雖渴望卻不願靠近的對象結合。

我們便是如此與神結合，因無法靠近神。

距離，是美的核心。

觀賞與等候，是符合美的態度。當我們還能設想、欲求、期望的時候，美是不會出現的。因為如此，在所有的美之中，都有不可避免的矛盾、苦澀、不在場。

詩意，是**不可能**的痛苦與喜樂。一陣心碎、一絲愁緒。屬於普羅旺斯與英國的詩意。純粹的喜樂，毫無雜質，因此讓人痛苦。純粹的苦痛，毫無雜質，因此能撫慰人心。

美，是遠觀一顆水果，而不伸手去摘。

美，是看著一名可憐人，不迴避他。

重力所為之事，用愛重演一次，便是雙重的下沉運動。一切藝術的關鍵，不正是雙重的下沉運動嗎[83]？

下降的運動，是倒映恩典的鏡子，它是所有音樂的精髓。其餘的部分，都只是陪襯。

旋律攀升時，它的上升純屬感性。旋律下降時，則同時既是感性的下降、亦是靈性的上升。這即是眾人渴求的天堂。願大自然的山坡，能帶我們向善攀去。

在所有能確實激發我們心中對美的純粹情感的事物當中，神都真實存在。彷彿神顯現於世界之中，而美是其印記。

美是一種實驗性的明證，證實神的降生是可能的。

因此，所有一流的藝術，在本質上都是宗教性的。（今日的人們，已不再知

83　原文編按：「降在陰間」……同樣地，就另一層面來說，偉大的藝術能透過愛與重力結合，因而贖救重力效應。

曉此事）。單聲聖歌與殉道者之死，都能證明同樣的事。

既然美是神在物質層面的真實顯現、而與美接觸是名符其實的神聖之事，那麼為什麼會有這麼多邪惡的藝術愛好者？尼祿（Néron）[84]。難道是近似黑彌撒信徒對於活祭品的飢渴？抑或，更有可能的原因，是這些人並非熱愛真正的美，而是迷戀不當的贗品？既然有屬於神的宗教藝術，當然也有屬於魔鬼的藝術。尼祿愛好的藝術，或許屬於後者。我們的藝術，絕大多數都是魔鬼的藝術。

一個熱愛音樂的人，亦可能是邪惡之人——但我很難相信，深愛單聲聖歌的人會如此。

我們必定是犯了罪，並因此遭受詛咒，因為我們已經失去了整個宇宙的所有詩意。

眼前，藝術沒有未來，因為一切藝術都是集體的，而集體生活已不復存在

84 譯註：尼祿（Néron, 37-68），羅馬帝國皇帝，熱愛藝術，以暴虐聞名。

（如今只有集體死亡）。另一個原因，是肉體與靈魂之間的失衡。古希臘的藝術符合幾何學與田徑競技的發軔；中世紀的藝術符合手工藝時期；文藝復興藝術吻合機械時代的開端；諸如此類。自一九一四年開始，便是完全的斷裂。這場鬧劇本身，幾乎就是不可能的——能在其中找到一席之地的藝術，唯有諷刺詩（還有其他時代比現在更適合領略尤維納利斯〔Juvénal〕[85]嗎？）。藝術重生的唯一可能，是在無政府狀態之下——或許驚心動魄，因為苦難會簡化一切……因此，無須羨慕達文西或巴哈。屬於我們這個時代的宏偉壯麗，只能採取其他管道。這份壯麗只能孤獨、隱晦、毫無回音……（問題是，沒有回音，就沒有藝術。）

85　譯註：尤維納利斯（Juvénal，西元一世紀-二世紀），古羅馬詩人，以諷刺時事聞名。

代數

ALGÈBRE

金錢、機械化、代數。現代文明的三個怪物。完全相似。

代數與金錢的本質，是平等主義。前者是在智性方面。後者則是在實際層面。

自從大約五十年前起，普羅旺斯的農民生活，不再近似海希奧德（Hésiode）[86]描述的古希臘農民生活。古希臘人建立的科學，大約在同一時期毀滅。金錢與代數於此同時獲勝。

符號失去指涉作用。符號的交流自行增長，符號自身成為目的。此外，不斷惡化的複雜情勢，使得符號自身亦需要符號……

現代世界的各種特徵當中，有一項特徵不可忘記：如今已不可能具體思考，勞力的付出與收穫之間的關聯。太多中間人。這關聯如同其他狀況，它無涉任何

86 譯註：海希奧德（Hésiode，西元前七或八世紀），古希臘詩人。

思想，而是涉及金錢。

由於集體思想無法以思想形式存在，它於是附身於事物（符號，機械……）之上。因此出現這樣的反常現象：進行思考的，是事物；至於人類，則被縮減為近似事物的狀態。

集體思想毫不存在。反之，我們的科學是集體的，我們的技術也是。專門化。我們不僅承襲了解答，也承襲了我們無法理解的計算方法。此外，兩者脣齒相依，因為代數的解答，會提供計算方法給其他科學。

應檢視或批判我們的文明，意思是？試著確切釐清，是怎樣的陷阱，導致人類成為自己親手創造之物的奴隸。無意識究竟是從何處趁虛而入，進入思想與行動方法之中？躲進原始生活逃避，是非常怠惰的解決之道。我們必須在現今的文明生活之中，找回心靈與世界簽下的、最初的那份契約。這是不可能完成的使命，因為生命太短、因為不可能並肩合作、彼此傳承。但不能因為如此，就不去著手進行。我們的處境，正如蘇格拉底在牢中等待死亡時，開始學習彈奏里拉琴

（Lyre）……至少，我們曾經活過……

被大量生產的繁重責任壓垮的心靈，唯一僅存的淘汰賽，只剩下效率的競爭。

現代生活，注定毫無節制。這份毫無節制侵蝕一切：行動與思想，公共生活與私人生活。因應而生的，是藝術的衰頹。平衡不復存，四下皆然。天主教運動對此做出了局部的反應：至少，天主教的種種儀式仍維持原樣。但這些儀式亦和生活的其餘部分毫無關聯。

資本主義將人類共同體從自然中解放出來。但人類共同體繼承了原本來自大自然的壓迫，將這壓迫施加於個體之上。

就連在物質層面，這一點都確實無誤。水與火，這類原本屬於自然的力量，都被人類共同體奪走了。

提問：被社會奪走的這項解放，能夠轉移至個體身上嗎？

社會的信箋……

LA LETTRE SOCIALE…

在行動與其效應之間、在勞力與其成果之間，一旦有外在的意志介入，人便成為奴隸。

今日，對奴隸**以及**主人而言，皆是如此。人永遠無法正視其自身活動的條件處境。社會在人與自然之間，建立了一道屏障。

唯一的準則是面對自然，而非面對人類。若仰賴外在的意志，便是奴隸。然而，所有人類的命運都注定如此。奴隸仰賴主人，主人亦仰賴奴隸。這樣的情形若非導致一方苦苦哀求、便是導致另一方專橫暴虐，或以上皆是（**極盡卑屈，以求掌權**）。反之，面對了無生氣的自然，我們唯一的對策，是思想。

壓迫這概念，基本上是愚蠢的。讀《伊里亞德》即可理解。將階級視為壓迫，更是愚蠢。我們唯一能談論的，是社會的壓迫結構。

奴隸與公民的差異（見孟德斯鳩〔Montesquieu〕、盧梭〔Rousseau〕……）在於，奴隸向主人屈服，公民則向法律屈服。或許主人非常親切、或許法律非常嚴苛，這些都無法改變這一點。一切取決於法則與任性之間的距離。

為何屈服於任性便會成為奴隸？原因存在於靈魂與**時間**的關係之中。向專制獨裁屈從的人，他在時間中是停滯的，他**等著**（等待是最屈辱的情形……）看下一個片刻會帶給他什麼。除了這些片刻之外，他什麼都不擁有，當下對他而言，已不再是能夠影響未來的槓桿。

直接面對事物，能夠解放心靈。面對沉淪之人，若我們仰賴這些人，這份仰賴若非表現為屈從，便是表現為命令。

為何這些人擋在我和自然中間？

永遠別讓自己必須看重陌生的思緒……（因為若是如此，便是任憑偶然擺布。）

解藥：除了情同手足的關係之外，將所有人當成一齣戲，**絕對**不去尋求友誼。生活在人群之中，如同置身於一節從聖艾蒂安城（Saint-Étienne）開往勒皮城（Le Puy）的火車車廂……千萬不可以允許自己幻想友情。一切都有代價。除了自己以外，都不能有所期待。

壓迫的程度到達某種地步之後，掌權者勢必終將得到奴隸們的**喜愛**。因為人無法忍受認為自己被完全受限、認為自己是他人的支配對象。因此，所有能夠逃避束縛的管道都讓他欣喜，但他唯一僅存的辦法是說服自己：他被迫承受的這些壓迫，是他憑藉自己的意願所達成的結果。換句話說，他以**奉獻精神**代替**屈從**。有時，他甚至強迫自己做得比原本的命令更多，而他的苦痛能因此減輕，這道理和孩童受傷疼痛的邏輯一樣——如果孩子們是在玩遊戲時受傷，那他們就能笑著強忍身上的痛；如果是因為被處罰，疼痛便會讓他們難以忍受。奴性便是以如此迂迴的方式，讓靈魂墮落。事實上，這樣的奉獻精神乃是建立在謊言之上，它的理由經不起檢驗。（關於這一點，天主教要求服從的原則，應視為一種解放；與它相互對照的，是奠基在犧牲奉獻精神之上的新教教義）。它是唯一的救贖，能讓人不再認為自己被奴役——被奴役是令人無法忍受的想法，而取代這想法的，並非關於犧牲奉獻的幻覺，而是關於必然性的概念。

相反地，反抗行動若不立刻以確切有效的方式付諸實行，就一定會轉變成背道而馳之事，因為徹底的無力感會導致屈辱，而受辱使人服從。換句話說，壓迫者最主要的著力點，正是被壓迫者無能實現的反抗行動。

由此出發，可以寫一本關於拿破崙麾下新兵的小說。

而奉獻精神的謊言，亦能騙倒奴隸的主人……

永遠將掌權者視作危險的**事物**。盡量在各方面都提防他們，同時避免自我輕蔑。若有朝一日我們必須起身反抗他們的權力並因此粉身碎骨，否則便只能怯弱地放棄，那就認定自己是被事物本質擊敗、而不是被這些人擊敗。我們可以身陷囚獄被鐵鍊綑綁，也可以變得盲目或完全麻痺。二者毫無區別。

被迫屈從的時候，唯一能夠保有尊嚴的方式，是將指揮者視為事物。每個人都是受控於必然的奴隸，但有意識的奴隸更高一層。

社會問題。將不可或缺的超自然部位縮至最小，好讓社會生活變得可以忍受。凡是試圖擴大其超自然部位者，皆屬不當（這樣是試探神）。

必須盡其所能，消弭社會生活之苦難，因為苦難只對恩典有幫助，而社會並非神選之人的社會。為神選之人所準備的苦難，永遠足夠。

巨獸[87]

LE GROS ANIMAL

巨獸是偶像崇拜的唯一對象、神的唯一代用品，它是唯一既是我、又無限遠離我的贗品。

若能成為自私之人，那將多麼愉快。無須操勞。但我們就是沒辦法。

我無法將自己視為終極目標，也無法進一步將我的同類視為目的，只因為他是我的同類。實體的物件也絲毫無法，因為物質比人類更難容納目的性。

俗世唯一能視為目的之對象，是集體，因為它之於個人是一種超越。集體是所有偶像崇拜的對象，我們因之而被束縛在人世。貪財者認為，黃金是社會結構的一部分。野心家認為，權力是社會結構的一部分。科學、藝術，皆是如此。那麼愛呢？愛或多或少是個特例。愛能使我們接近神，野心或貪財則無法。儘管如此，在社會結構中，愛並未缺席（對於王子、名人、以及所有有聲望之人的瘋狂迷戀……）。

善，有兩種。兩者儘管名稱相同，本質卻徹底不同：一種是與惡相反的善，

87 原文編按：源自柏拉圖《理想國》第六卷——熱愛「巨獸」，意指依照大眾的直覺反應與偏見去思考並行動，因而犧牲個人對於真與善的一切追尋。

一種是絕對的善。絕對之物沒有對立面。相對並非絕對的對立；相對源於絕對，源於一種不可替換的關聯。我們追求的是絕對的善。我們有能力辦到的，則是相對於惡的善。朝向後者發展的我們是錯的，如同王子不愛女主人、而打算去愛一個女傭。導致錯誤的是表象。社會結構讓相對之物，披上了絕對的表象。解決之道是思考關係概念。關係出自社會結構，以一種暴力的方式。對個人而言，關係是一種壟斷。社會是岩洞，洞穴的出口是孤寂。

關係，專屬於孤獨的心靈。群眾並不理解關係。某事是善是惡，應以何種觀點考量、以什麼標準來判斷，這都是群眾無法掌握之事。群眾無法演算加法。

置身於較社會生活更高層級的人，能在想進入社會時進入社會；層級較社會生活更低者，則無法如此。所有事物皆然。最高處與較低處之間，不可替換的關聯。

善無法進入兩個領域：植物性的領域，與社會領域。

基督贖救的是植物性、而非社會性。祂並未為了俗世而祈禱。

社會性的領域，必定屬於俗世的權貴階級。人們在社會上的職責只有一項，就是試圖侷限惡（根據黎希留〔Richelieu〕[88]的說法，國家之救贖，僅存在於這俗世）。

奢望變得和教會一樣神聖的社會，其危險之處，與其說是來自玷汙社會的惡，或許更因為這社會含有善的代用品。

貼上神聖標籤的社會，是令人心醉神馳的混合物，能夠允許一切。喬裝打扮的惡魔。

社會事務濫用意識。外加的（想像）能量，極大部分聚焦於社會事務之上。必須使其分離。這是最艱困的超然。

關於這一點，對於社會機制的沉思，便是最重要的淨化。

沉思社會事務，是正確的道路，與避世隱居不相上下。正因如此，我長期接觸政治，並沒有錯。

唯有進入真正的靈性、超驗與超自然，人的高度才能高於社會。在那之前，

88　譯註：第一代黎希留公爵亞曼・尚・迪・普萊西（Armand Jean du Plessis, cardinal-duc de Richelieu et duc de Fronsac, 1585-1642），法蘭西王國之樞密院首席大臣暨樞機主教。

不管怎麼做，社會都高於人。

在超自然以外的層面，社會彷彿用一道柵欄隔離惡（某些特定形式的惡）；由罪犯與墮落之人組成的社會，儘管人數不多，卻能消弭這柵欄。

是什麼促使人們進入這樣一個社會呢？若非必然，便是輕率，抑或更常見的情況，以上皆是——我們不認為自己已投身這社會，因為我們並不知道，除了超自然之外，**只有**社會能夠阻止罪愆或犯罪行為自然而然化作最殘暴的形式。我們不知道自己將徹底改變，因為我們並不知曉，內心能被外界改變的那一部分，它的改變幅度極限何在。我們總是蒙昧投身。

羅馬帝國是無神論的、唯物論的、只愛自己的巨獸；以色列是宗教巨獸。兩者都不討人喜歡。巨獸總讓人反感。

只由重力掌控的社會，能生活嗎？抑或，需要一點點超自然才能活下去？

羅馬帝國，可能只有重力。

希伯來人的國度，或許亦是如此。他們的神，很沉重。

羅馬帝國，或許是唯一毫無神秘思想的古代民族。多神秘啊！它亦是流亡者建造的人工城邦，一如以色列。

柏拉圖的巨獸。馬克思主義儘管是真的，卻早已完完整整被柏拉圖寫進關於巨獸的章節，連它的辯駁都被寫進去了。

社會結構的力量。幾個人的協議，包含了真實感與責任感。與這協議有出入的差異，顯得像是一種罪惡。由此，**所有**翻轉都成為可能。像這樣事事符合一致的狀態，是對於恩典的擬仿。

藉由一種特別的、與社會力量有關的奧秘，職業給人關乎目標的美德，若這美德延伸至人生的任何場合，便能造就英雄或聖人。

但是，由於社會結構的力量，這些美德僅屬於**自然**。因此需要補償。

法利賽人說：「我實在告訴你們，他們已經得了他們的賞賜。」相反地，基督能這樣說收稅吏與娼妓：我實在告訴你們，他們已經得了他們的懲罰——也就是社會的譴責。由於他們已受懲罰，藏身祕密之處的天父並不處罰他們。不受社會譴責的罪，則會被天父嚴懲。因此，社會的譴責是來自命運的恩惠。但對某些人而言，社會的譴責是額外的惡，這些人在社會譴責的壓力之下，自行建立一個以自己人為中心的社會團體，唯有置身其中，他們才享有許可證，譬如罪犯們的幫派，或是同性戀的小圈子等等[89]。

侍奉假的神（亦即社會猛獸所信奉的神，無論其化身為何）能夠淨化一部分的惡，因為對惡的恐懼被消除了。對侍奉這神的人而言，除了侍奉方面的失職之外，沒有什麼顯得像惡。侍奉真正的神，則會使人繼續恐懼、甚至更加恐懼惡。我們恐懼這惡，同時卻又愛它，彷彿出自神的意志。

今日，若有人相信他的敵手站在善的一邊，就等於相信敵手將獲勝[90]。看著善——我們愛著的善、在局勢演變中注定消亡的善——這樣的凝視，是難忍的苦痛。

消失殆盡的事物，若認為它是善，會使人痛苦萬分，因此我們避免這樣想。避免去想，便是向巨獸屈服。

89 譯註：本文寫於同性戀尚未除罪化的年代。
90 原文編按：本文寫於一九四二年。

共產主義者的心靈力量，來自其行動目標。這目標不僅是他們心中認定的善，更是他們認定必然發生、即將發生的未來。因此他們即使遠非聖人，仍舊能夠為了正義，忍受只有聖人可以忍受的痛苦與危險。

就某些方面而言，共產主義者的精神狀態，與最早期的基督徒十分相似。

末世論的宣揚，解釋了早期的迫害。

「少得赦免者，其愛亦少。」這樣的人，是極度重視社會美德之人，恩典很難在他身上找到空間。臣服於巨獸，將之等同於善——這就是社會美德。

法利賽人既然是服從巨獸之人，便因此是有德之人。

慈悲所愛的對象，在所有的國家都應是一切有利於個人靈性發展的條件，意思是，社會秩序也是其中一環。儘管社會秩序是錯的，但社會失序是錯上加錯。此外，亦包括語言、種種禮儀、習俗、所有與美相關之事物、所有點綴該國生活之詩意。

但是，國族作為國族，不可能是超自然之愛的對象。國族沒有靈魂。國族是巨獸。

而城邦……

城邦並非社會結構；城邦是屬於人的場域，置身其中者並不意識到城邦的存在，只意識自己呼吸的空氣。城邦是與自然、過往、傳統的接觸。扎根，與社會結構無關。

愛國主義。除了慈悲之外，我們不應懷抱其他的愛。國族不可能是慈悲的對象。但一個國度，也就是鄉土、蘊含亙古傳統之地，可以是慈悲的對象。每一個國度都可以。

以色列[91]

ISRAËL

基督徒變成極權主義者、征服者、殲滅異己者，是因為沒有發展出一個觀念：神在俗世的缺席與無作為。將耶和華看得和基督一樣重要；以《舊約》的方式想像天國——只有以色列能抵抗羅馬帝國的侵襲，因為二者非常相似，而當時才剛發軔的基督教義，便沾染了羅馬帝國的汙穢，然後成為帝國的國教。羅馬帝國造的惡，從未真正被彌補。

神對摩西與約書亞允諾的，是全然世俗的承諾，而埃及當時追求的，是靈魂的永恆救贖。希伯來人拒絕埃及的啟示，於是得到了他們應得的神：屬於肉身與集體的神，直到流亡之前，都從未觸及任何人的靈魂（《詩篇》除外）。《舊約》提及的人物當中，只有亞伯（Abel）、以諾（Enoch）、諾亞（Noé）、麥基洗德（Melchisédech）、約伯、但以理（Daniel）是純淨的。這民族的作為，絲毫不令人訝異。一個由逃亡奴隸組成的民族，征服一塊天堂般的樂土，這樂土是其他文明辛勞耕耘的成果，他們對此毫無貢獻，卻大量屠殺並摧毀當地的文明。談論這民族的「神予人教誨」，是個駭人的笑話。

---

91 譯註：西蒙・韋伊辭世時，以色列尚未復國。本書提及的以色列，指的主要是古代的以色列。

這文明——也就是我們的文明，其中包含這麼多惡，絲毫不令人訝異。它的根基被可怖的謊言汙染，它的啟示亦來自這謊言。以色列的詛咒，是基督徒的重擔。殘暴、宗教裁判、殲滅異教徒與異端者，此即以色列。資本主義即是以色列，尤其在它最難纏的對手身上。

人與神之間的**個人**接觸，只能透過中間人進行。若非藉由中間人，那麼神在人面前顯現，便只能是集體的、屬於國家的。以色列選擇了屬於國家的神，並同時拒絕了中間人；它或許曾經追求真正的一神論，但它總再度跌落，並且無法不再度跌落，落入宗族之神那兒。

與超自然有所接觸之人，在本質上即是王，因為他在社會中，以一種無限微小的形式，在社會秩序中，體現更高的層級。

而他在社會上的位階，絲毫無足輕重。

至於社會秩序當中的顯赫人物，必定只會是由巨獸那兒獲取許多能量的人。但他無法涉足超自然。

摩西與約書亞，便是獲取許多社會能量之人的超自然。

以色列是一種嘗試，試圖將超自然結合社會生活。我們可以假定，在這方面，它成功辦到了最好的一面。沒必要再來一次。結果證明，巨獸昭示神啟的能力多麼強大。

以賽亞首度帶來純粹的光。

以色列成功抵擋羅馬帝國，因為它的神儘管非物質，卻是帝王等級的世俗統治者。多虧如此，基督教才得以誕生。以色列的宗教因為不夠崇高，所以並不脆弱，而由於它的宗教很穩固，因此才能庇佑更崇高的事物在其中成長茁壯[92]。

以色列勢必無視道成肉身的說法，受難因此成為可能。羅馬帝國亦是如此（他們或許是無視道成肉身的唯二兩個民族）。但以色列必然擁有一部分的神，擁有所有可能的部分，唯有靈性與超自然除外。他們的宗教僅屬於集體。由於這份無知、這份蒙昧，他們便成為神的選民。我們因此得以理解以賽亞所言：「我使他們的心變冷酷，好讓他們聽不見我的話語。」

92 原文編按：如西蒙·韋伊在此指出的，一方面來說，以色列的歷史中，曾經閃現純粹的神祕主義（以賽亞等等）；另一方面，基督教剛誕生時，確實受到它的猶太「外殼」保護，如此便足以證明以色列的神聖使命。

因為如此，以色列的一切都沾染了罪，因為若沒有降生的神參與其中，就沒有什麼是純淨的，也因為這事顯而易見。

與天使搏鬥的雅各，豈不正是重大的玷汙：「神……讓雅各得報應，依照他的作為。他在母親腹中抓住哥哥腳跟，壯年又與神角力。他與天使搏鬥並得勝，使其哭泣、懇求神恩……」[93]

對抗神而無法被打敗，不是十分不幸嗎？

以色列。一切都汙穢而殘暴，彷彿存心故意，包括亞伯拉罕（Abraham）。唯有幾名先知例外。彷彿為了清楚標示：注意！那裡有惡！

神之選民，因為盲目而被選中，被選為基督的劊子手。

猶太人，這一小群失根的人，導致整顆地球盡皆失根。他們使基督教因為自身的過往而成為失根之物。文藝復興曾試圖重新扎根，卻因為反基督的傾向而失

93 譯註：舊約聖經《何西阿書》（*Livre d'Osée*）第十二章。另可參照《創世紀》（*Livre de la Genèse*）第三十二章，雅各與天使（另一說法是神）搏鬥之後，對方告訴雅各：「你的名不要再叫雅各，要叫以色列；因為你與神與人較力，都得了勝。」

敗了。「啟蒙運動」、法國大革命、政教分離等等，都藉由名為進步的謊言，加深了失根的程度，無止無休。失根的歐洲更透過殖民征戰，將世界其餘地方的根也一併拔除。資本主義與極權政體，亦是推動失根的因素之一；反猶主義則自然而然地擴大了猶太人造成的影響。但在他們用有毒的思想來除根之前，東方的亞述帝國、西方的羅馬帝國，都是用劍來除根。

早期的基督徒製造了一種毒，也就是認為人類能透過宗教學習而進步，獲得接收基督訊息的能力。這正吻合各民族使用共通語言的期望、以及世界末日即將來臨的預言。但兩者都未曾發生，十七個世紀過後，這些觀念又在宗教改革時變本加厲。就此，它便不得不轉身反對基督教義。

基督教義當中，其他摻雜部分真理的毒，則是源於猶太人。前述的毒，則專屬基督徒。

宗教教育的暗喻，粉碎了個人的天命，只有救贖至關重要——在民族救贖中得到救贖。

基督教試圖在歷史中尋求一致性。這是黑格爾（Hegel）[94]與馬克思理論的根源。將歷史視作一種被更高意志引導的連續性，這概念是基督教義的一部分。

就我看來，這觀念錯得離譜。他們在未來當中追尋一致性，但未來是永恆的對比。對立物的不當結合。

人文主義，以及隨之而來的演變，並非重尋古代文明，而是在基督教義的內部醞釀毒物。

超自然之愛是不受拘束的自由。若試圖強制它，便是用自然之愛取代它。與其相反的，是缺乏超自然之愛的自由，一七八九年法國大革命即是如此，徹底空無的自由，單單只是抽象，毫無成真的可能。

---

94 編註：黑格爾（Georg Wilhelm Friedrich Hegel, 1770-1831），德國哲學家，十九世紀德國唯心論代表人物之一，其哲學系統為前人哲學思想之集大成，涵蓋邏輯學、自然哲學及精神哲學。

社會之和諧

L'HARMONIE SOCIALE

相對於無論哪種層級，較高的層級，亦即永遠超越它的層級，若要出現在較低的層級中，便只能採取無窮小的形式。芥菜種籽、須臾剎那、呈現永恆的圖像，等等。

圓與直線的接觸點（切線），即是較高層級以無窮小的形式，出現在較低層級中。

基督，是人類與神的切線。

至善，其無窮小之特質，是謹慎……

平衡，是較高層級屈從於較低層級，而前者在後者之中，是以無窮小的形式出現。

因此，真正的君主制，或許是完美的城邦。

在社會中，每個人都是無窮小，他們代表高於社會層級的層級，代表更加宏偉、更加無窮無盡的層級。

公民對於城邦的愛、僕從對於領主的愛，都應當是超自然之愛。

唯有平衡能夠摧毀、消弭力量。社會秩序只能讓各種力量彼此制衡。

毫無恩典之人，由於我們無法期待他符合正義，於是需要一個有組織的社會，讓不正義的行為一個一個接受懲罰，陷入永無止盡的擺盪之中。

唯有平衡能夠抵銷力量。

若我們知道社會失衡的起因何在，便需要盡己之力，在天秤過輕的那一側加上砝碼。即使該砝碼為惡，若是出於上述動機使用它，或許終能不被玷汙。但我們必須對平衡有所設想，並必須像正義女神一樣，隨時準備「逃離勝利陣營」，站到另一邊去。

〈高爾吉亞篇〉（*Gorgias*）[95]中，關於幾何學的著名橋段，即為此意。依照事物的自然本質，絕不可能出現毫無節制的發展；世界整體，建立在尺度與平衡之上，城邦亦是如此。凡是野心，皆是毫無節制、荒謬之物。

95 譯註：《柏拉圖對話錄》（*Les Dialogues de Platon*）的對話錄之一，副標題是〈論修辭學〉（*De la rhétorique*）；文中，高爾吉亞擁護修辭學，蘇格拉底則譴責詭辯術。

γεωμετριας γαρ αμελεις.[96]

野心勃勃者，完全忘記「關係」這概念。

愚蠢的人民，我的權力將我禁錮其上。

悲嘆！就連我的傲慢，都需要你的雙臂。[97]

封建制度使人服從於人，因此減少許多屬於巨獸的部分。法律比這好多了。

服從之對象，只能是法律或某人。幾乎是修道院的秩序。建立城邦，應以此為榜樣。

服從主人、服從一個人，但應是裸裎之人，其威嚴是因為立誓，而非因為從巨獸那兒取用威嚴。

96 譯註：「你忽略了幾何學。」（語出〈高爾吉亞篇〉）

97 譯註：引自保羅．瓦勒里一九三四年的詩劇《賽米拉米斯》（*Sémiramis*）。賽米拉米斯是西元前九世紀的亞述帝國皇后，後來成為女皇帝。

完善的社會，是國家僅以消極方式管理的社會：在適當時刻輕微施壓，藉此抵銷剛開始失衡的情勢。

柏拉圖的《政治家篇》（*Politique*）認為，掌政者應該是由戰勝者與敗仗者共同組成的社會階層。但這樣是違反自然的，除非戰勝者是野蠻未開化的一方。就這方面而言，野蠻的一方戰勝文明的一方，會比相反的情形更有成果，除非戰爭已將一切摧毀殆盡。

技術發展，使得文明與力量成為同一陣營，因此導致前述之再生成為不可能之事。技術發展是一種詛咒。

除了上述族群融合的時刻，強者與弱者分享力量，幾乎是不可能的，除非有超自然的因素介入。

超自然在社會中顯現的形式，是正當性。其形式有兩種：法律，以及最高權力的賦權。君主政體若有法律約束，或許能實現《政治家篇》提及的融合。然而，其中若無宗教，便不會有正當性。

服從某人，但這人的權威並無正當性，那就是一場惡夢。

純粹的正當性，是毫無力量介入的至高無上。唯一能夠構成純粹正當性的，是思想：從前始終如此，今後也永將如此。

因此，改革必須是恢復我們曾經毀壞的過去，抑或採用新的機制，但這新規則並非為了改變，而是為了維持關係不變。譬如，若原先的比例是十二比四，而如今四變成了五，那麼真正的守舊派並不會希望比例變成十二比五，而是會將十二調整成十五。

正當存在的政權，能讓社會生活的行為與勞動有目的性，而這目的性並非追求壯大自己（這是自由放任主義唯一認可的動機）。

正當性是時間當中的延續性，是恆久與不變。它賦予社會生活的目的性，是一種在過去、現在與未來都始終存在的事物。它使人們不得不冀求這樣的事物。

正當性的斷裂、非因征服導致的失根，當它發生在濫用正當政權的國家時，便會不可避免地導致進步思想縈繞人心，因為目的性已於此刻轉向未來。

無神論的唯物主義勢必引發革命，因為若要朝向屬於俗世的至善前進，便必須將它放在未來。為了讓這樣的前進能夠完整，便需要一名中間人，讓他在現在與完美的未來之間建立連結。這位中間人就是領袖，譬如列寧（Lénine）等等。領袖無懈可擊、完美純粹。惡透過他而成為善。

若不信奉這位領袖，就必須愛神，否則便只能在日常生活中的小惡與小善之間搖擺不定。

進步與低層級之間的關係，足以佐證力量與低劣的親緣關係，因為某個世代停下之處，下一個世代由此出發，而他們能夠繼續之事，必定是外在之事。

馬克思主義者、以及整個十九世紀犯下的重大錯誤，是相信只要直直向前走，就能登天。

最具代表性的無神論思想，是關於進步的思想，它否定本體論的實證，因為它的前提，是平庸自身就能創造最好的事物。儘管如此，現代科學爭相推翻關於進步的思想。達爾文（Darwin）摧毀了拉馬克（Lamarck）關於內在動力主導進化的幻覺[98]。突變理論只是讓淘汰與偶然性繼續存在。動能學指出能量只會消耗，永遠不會增強，而這項假定甚至適用於動植物的生命。

心理學與社會學被視為科學，只是因為這兩門學科使用了近似能量概念的理論，但因為這樣的使用方式絲毫不符合進步思想，因此心理學與社會學便閃耀著真正屬於信仰的光。

唯一能夠不受時間影響的，是永恆。若希望藝術作品能被永久熱愛、希望愛情或友情能夠持續一輩子（抑或以最純粹的方式持續一整天）、希望人類處境的概念能在不同經驗與盛衰興亡之中始終如一，那就需要從天而降的啟示。

和可能的未來相較之下，完全不可能的未來（譬如西班牙無政府主義者心中的理想）與永恆的差異少多了，降低高度的程度也較輕。不可能的未來甚至完全不會降低高度，除非產生幻覺而誤以為它是可能的。這未來一旦被認定為不可

98 譯註：最先提出生物進化學說的法國博物學家尚・巴蒂斯特・拉馬克（Jean-Baptiste de Lamarck, 1744-1829）認為生物變異的原因出於各器官之「用進廢退」與「獲得性遺傳」，其理論後來被達爾文的天擇論取代。

能，便能移轉至永恆之中。

可能之事，會提供想像空間，並因此導致降低高度。我們渴求之物，必須確實實存在、或是絕不可能存在，二者兼具更佳。當下存在之物、以及不可能存在之物，都是與未來無關之物。不受想像干擾的過去，因某種邂逅而顯現其純粹，便是染上永恆色彩的光陰。其中的真實感，是純粹的。此即純粹之喜樂。此即美。普魯斯特（Proust）[99]。

現在，是我們的依附對象。未來，是我們在想像中製造的未來。唯有過去，才是純粹的真實，前提是我們不能重新塑造它。

時間的流逝會耗損並摧毀世俗之物。過去，比現在擁有更多永恆。歷史若被充分理解，其價值近似普魯斯特筆下的回憶之價值。因此，過去向我們呈現的，是一種既真實、又比我們更美好的事物，它能提升我們的高度，而未來永遠辦不到這一點。

99 編註：馬塞爾・普魯斯特（Marcel Proust, 1871-1922），法國作家，現代文學意識流先驅。著有《追憶似水年華》等作品。

過去是真實的，但卻完全超出我們能夠觸及的範圍。我們無法朝著過去靠近一步。我們只能面向過去，讓它的靈光來到我們這兒。由此，便能完美呈現超自然之永恆真實。

是否因為如此，所以在像這樣的回憶當中，有喜樂與美？

對我們這些玷汙、掏空整顆地球的人而言，重生的希望，能夠來自何處？只能來自過去，如果我們愛過去。

對立。今日的我們既厭惡又渴求極權制度，而且，幾乎每個人都深愛某個極權政體、同時痛恨另一個極權政體。

我們所愛與所恨之物，是永遠相同的嗎？是否，我們對於深恨的對象，總感到一種需求，需要用另一種形式去愛它？並且，反之亦然？

法國大革命深信不疑的幻覺，是認為死於武力的犧牲者純真無辜，與當下發生的暴力無關，若將武器交給他們，他們必定能妥當運用。然而，除非是相當接近神性的靈魂，否則犧牲者和劊子手一樣，都會被武力玷汙。存在於劍柄的惡，被傳送至刀尖。犧牲者因此被送上巔峰，因為當下的劇變而心醉神馳、招致同樣或更多的惡，並隨即向下墜落。

社會主義認為戰敗者屬於善的一方，對戰勝者抱持歧視的態度。但社會主義的側翼革命派，卻利用了那些儘管出身低微、但本質與使命皆與戰勝者無異的人們，因此形成了相同的倫理價值。

當代的極權政體之於十二世紀的天主教極權政體，正如共濟會與政教分離精神之於文藝復興的人文主義。每次動盪，都使人性沉淪。那會墮落至何處呢？

我們的文明傾覆之後，只有兩種可能：若非像所有古代文明一樣徹底終結，就是重新調整以適應一個去中心化的世界。

這取決於我們——並非為了打破中心主義（因為它會自動滾起雪球，直到釀成大禍），而是為了準備未來。

我們的時代，摧毀了內在的等級。為何社會階級仍苟延殘喘？社會階級僅是內在等級的粗劣呈現。

妳無法誕生在另一個更好的時代。這時代已失去一切。

關於勞動的神祕學

MYSTIQUE DU TRAVAIL

人類處境的祕密，是人與自然力量之間，並無平衡之處。人周圍的自然力量雖無作為，卻遠遠超越人；人唯一能取得平衡的方式，是透過行動，在勞動當中重新創造其生活。

人的偉大之處，是不斷重新創造生活。重新創造他被賦予之物。鍛造它，儘管他因此受苦。藉由工作，他生產了屬於自己的自然生活。藉由科學，他以種種象徵為手段，重新創造了宇宙。藉由藝術，他重新創造其身體與靈魂之盟約（參考：尤帕里諾斯〔Eupalinos〕[100]的說法）。值得注意的是，前述三者皆是貧乏、空洞、徒勞之物，每一項都是孤立的，與另外兩者毫無關聯。能夠結合這三者的，是勞工階級文化（你總可以期待）……

柏拉圖只是先驅者。古希臘人通曉藝術與體育，但不知勞動為何物。主人是奴隸的奴隸，因為是奴隸**造就**主人。

100 譯註：此處應指保羅・瓦勒里於一九二一年發表的《尤帕里諾斯，或建築師》（*Eupalinos, ou l'Architecte*），本書以近似《柏拉圖對話錄》的形式，描寫費德爾與蘇格拉底在陰間相遇的對話。

兩種使命：

——使機器成為個人所有；

——使科學成為個人所有（推廣普及科學，建立蘇格拉底式的大學，教導民眾各行各業的基礎）。

體力勞動。為何從未出現一名信奉神祕主義的勞工或農民，揮毫闡述如何運用那股針對工作的憎惡？這份憎惡是如此常見、如此危險，靈魂試圖逃離它，藉由植物般的無作為，試著對它視而不見。若向自己承認這份憎惡，會引起致命的危險。專屬於普羅百姓階層的謊言，便是源自於此。（每個階層都有屬於自己的謊言。）

這份憎惡，是時間的重擔。若能對自己承認它，並且不向它屈服，便能提升高度。

憎惡是最珍貴的苦難之一，無論何種形式的憎惡，都是人類可藉此向上提升的階梯。我因此受惠良多。

將一切的憎惡，都轉化為自我憎惡……

單調，可以是最美或最可怖之事。若這單調反映的是永恆，那它就是最美之事。若它代表無止無休的一成不變，那就是最可怖之事。前者是被超越的時間，後者是沒有出口的時間。

美好的單調，以圓為象徵；可怖的單調，則以鐘擺為象徵。

工作的靈性。勞動以令人疲乏的方式，證實了一種彷彿來回踢皮球的目的性——勞動是為了吃飯、吃飯是為了勞動……若將這兩者的其中之一視為目的，或是分別看待兩者，那就勢必迷失。循環當中，必有真理。

松鼠在籠中轉圈；天體的運轉。前者極端悲慘，後者極度崇高。人將自己視作一隻在籠中轉圈的松鼠時，若他能不欺瞞自己，那他就接近了救贖。

體力勞動最令人痛苦的，是被迫努力這麼漫長的工時，就只為了生存。

奴隸，指的是勞苦疲倦卻一無所得、僅能生存的人。

因此，他必須超然，否則就必須降至植物的層級。

屬於俗世的目的性，無法使勞工與神分離。唯有勞工能夠如此。所有其他境況，都有特定的目標，因此形成一道屏障，將人與至善分隔開來。對勞工而言，這樣的屏障並不存在。他們沒有需要擺脫的多餘之物。

因為必須勞動而勞動，而非為了善而勞動（意思是被善推動，而非被善吸引），只為了維持最基本的生存而勞動——這就是奴役。

就這層面而言，體力勞動的工人們，無法避免被奴役。

這勞動沒有目的性。

若是沒有目標的目的性，那就太可怕了——抑或，比什麼都美。唯有美，才能使人樂天知足。

對勞工而言，詩比麵包更重要。他們的生活必需擁有詩意。他們需要永恆的光。

這詩意的泉源，只能是信仰。

信仰並非人民的鴉片，革命才是。

這樣的詩意被剝奪，便說明了一切形式的傷風敗俗之原因。

奴隸制度，是沒有永恆之光、沒有詩意、沒有信仰的勞動。

願永恆之光所賜予的，並非生活與勞動的理由，而是一顆圓滿的心，使人無須再去追尋這理由。

若非如此，唯一能刺激人們繼續工作的動機，便只剩強迫與收益。強迫，代表人民受壓迫。收益，代表人民被收買。

體力勞動。時間進入肉身。人藉由勞動將自身化作物質，一如基督藉由聖餐化作物質。勞動，如同死亡。

必須透過死亡來實踐。必須被殺、必須承受世界的重力。宇宙的重量壓在一個人類的肺腑上，其痛苦怎會令人訝異？

若無動機刺激，勞動便如同一場死亡。需在動作的同時，放棄該動作帶來的果實。

勞動——若精疲力竭，便是向時間屈從，如同物質。思想被迫不斷轉換一刻接一刻，無法思考過去或未來。此即服從。

與疲倦同時存在的喜樂。感覺方面的喜樂。進食、休憩、星期天的娛樂……而非金錢。

關於百姓的詩意，其中若無疲倦、以及疲倦導致的飢餓與口渴，就不是真正屬於人民的詩意。

國家圖書館出版品預行編目資料

重力與恩典：西蒙・韋伊的思想集結之作 / 西蒙・韋伊(Simone Weil) 著；
周桂音 譯. -- 初版. -- 臺北市：商周出版, 城邦文化事業股份有限公司出
版：英屬蓋曼群島商家庭傳媒股份有限公司城邦分公司發行, 2024.10
面； 公分
譯自：La pesanteur et la grâce.
ISBN 978-626-390-273-2（平裝）
1. CST: 韋伊（Weil, Simone） 2. CST: 學術思想 3. CST: 哲學
146.79 113012611

重力與恩典：西蒙・韋伊的思想集結之作

原著書名 / La pesanteur et la grâce
作者 / 西蒙・韋伊（Simone Weil）
譯者 / 周桂音
企畫選書 / 嚴博瀚
責任編輯 / 陳薇

版權 / 吳亭儀、游晨瑋
行銷業務 / 周丹蘋、林詩富
總編輯 / 楊如玉
總經理 / 彭之琬
事業群總經理 / 黃淑貞
發行人 / 何飛鵬
法律顧問 / 元禾法律事務所 王子文律師
出版 / 商周出版
城邦文化事業股份有限公司
台北市南港區昆陽街16號4樓
電話：(02) 2500-7008 傳眞：(02) 2500-7579
E-mail：bwp.service@cite.com.tw
發行 / 英屬蓋曼群島商家庭傳媒股份有限公司城邦分公司
台北市南港區昆陽街16號8樓
書虫客服服務專線：(02) 2500-7718・(02) 2500-7719
24小時傳眞服務：(02) 2500-1990・(02) 2500-1991
服務時間：週一至週五09:30-12:00・13:30-17:00
劃撥帳號：19863813 戶名：書虫股份有限公司
讀者服務信箱E-mail：service@readingclub.com.tw
城邦讀書花園 網址：www.cite.com.tw
香港發行所 / 城邦（香港）出版集團有限公司
香港九龍土瓜灣土瓜灣道86號順聯工業大廈6樓A室
電話：(852) 2508-6231 傳眞：(852) 2578-9337
E-mail：hkcite@biznetvigator.com
馬新發行所 / 城邦（馬新）出版集團 Cité (M) Sdn. Bhd.
41, Jalan Radin Anum, Bandar Baru Sri Petaling,
57000 Kuala Lumpur, Malaysia
電話：(603) 9057-8822 傳眞：(603) 9057-6622

封面設計 / 兒日設計
內文排版 / 新鑫電腦排版工作室
印刷 / 韋懋實業有限公司
經銷商 / 聯合發行股份有限公司
電話：(02) 2917-8022 傳眞：(02) 2911-0053
地址：新北市231新店區寶橋路235巷6弄6號2樓

■2024年10月初版
定價 480 元

Printed in Taiwan
城邦讀書花園
www.cite.com.tw

ISBN 978-626-390-273-2
EISBN 978-626-390-271-8（EPUB）

廣　告　回	
北區郵政管理登記	
台北廣字第000791	
郵資已付，免貼郵	

115台北市南港區昆陽街16號8樓

英屬蓋曼群島商家庭傳媒股份有限公司　城邦分公司

請沿虛線對摺，謝謝！

商周出版

書號：BP6045	**書名：**重力與恩典	**編碼：**

請於此處用膠水黏貼

商周出版

讀者回函卡

線上版讀者回函卡

感謝您購買我們出版的書籍！請費心填寫此回函卡，我們將不定期寄上城邦集團最新的出版訊息。

姓名：________________________ 性別：☐男 ☐女

生日：西元________年________月________日

地址：________________________

聯絡電話：____________ 傳真：____________

E-mail ：

學歷：☐ 1. 小學 ☐ 2. 國中 ☐ 3. 高中 ☐ 4. 大學 ☐ 5. 研究所以上

職業：☐ 1. 學生 ☐ 2. 軍公教 ☐ 3. 服務 ☐ 4. 金融 ☐ 5. 製造 ☐ 6. 資訊

☐ 7. 傳播 ☐ 8. 自由業 ☐ 9. 農漁牧 ☐ 10. 家管 ☐ 11. 退休

☐ 12. 其他________________________

您從何種方式得知本書消息？

☐ 1. 書店 ☐ 2. 網路 ☐ 3. 報紙 ☐ 4. 雜誌 ☐ 5. 廣播 ☐ 6. 電視

☐ 7. 親友推薦 ☐ 8. 其他________________________

您通常以何種方式購書？

☐ 1. 書店 ☐ 2. 網路 ☐ 3. 傳真訂購 ☐ 4. 郵局劃撥 ☐ 5. 其他______

您喜歡閱讀那些類別的書籍？

☐ 1. 財經商業 ☐ 2. 自然科學 ☐ 3. 歷史 ☐ 4. 法律 ☐ 5. 文學

☐ 6. 休閒旅遊 ☐ 7. 小說 ☐ 8. 人物傳記 ☐ 9. 生活、勵志 ☐ 10. 其他

對我們的建議：________________________

____

____

請於此處用膠水黏貼